ボクらはわがままな起業で生きてゆく

特定非営利活動法人
えんとかく理事長
脇本泰志
Taishi Wakimoto

Clover
クローバー出版

はじめに

数多くある本の中から、この一冊を手に取っていただき、ありがとうございます。

脇本泰志と申します。

「いじめ・差別・偏見・虐待のない社会の実現」を経営理念に掲げ、愛知県豊明市で特定非営利活動法人えんとかくを運営しています。

えんとかくでは、障がい児の療育支援、不登校支援、障がい者の社会進出支援等を行っており、私は現場で子どもたちと関わりながら、講演や啓発活動をするために、忙しく国内外を飛び回っています。

「先生のおかげです」

「先生に出会えて良かったです」

子どもたちや親御さんからこんな感謝の言葉をいただけることが、私の喜びです。

日々、子どもたちの成長を見ていく中で、その成長の確かさや非凡な力に可能性を感じ、子どもたちの未来の姿を思い描いています。

私は子どもたちと触れ合いながら、天職に出合えた喜びを噛みしめています。

しかし、今まで順風満帆だったわけではありません。

順風満帆どころか、試練や挫折の連続でした。

思い返せば、ずっと生きづらさを感じていました。

小さいころは、いじめ、差別、不登校、情緒不安定で泣いてばかりいました。二一歳のときに起業しましたが、三〇歳を前に、ビジネスを見誤ったためにすべてを失い、残ったのは大きな借金だけ。

なぜ自分ばかりがこんな目にあうのだろう？　そんなふうに思ったこともあります。

そんなマイナスからのスタートだった私が、いくつもの困難を乗り越えて、どのようにして社会起業と出合い、ビジネスをスタートさせたのかを一冊の本にしました。

本書のタイトルは『ボクらはわがままな起業で生きてゆく』としました。「わがまま」という言葉がひときわ目立ちますね。でも、私がこの言葉を用いたのには理由があります。それは「自分事（じぶんごと）」を大切にする、ということ。

自分が何で満たされるか、何に喜びを感じるか、そこを押し殺している限り、自分らしく働くこと、生きることは叶いません。

自分が喜ぶことが、周りの人たちの喜びにもつながる。自分自身を大切にするから周りの人を大切にすることができる。

そんな「自分事」を起点にして、本書のテーマである社会に貢献する社会起業（あるは働き方）を実現していってほしい、そんな想いを込めています。

本書に記した私の半生、そしてそのなかで得た「わがままな起業」のマインドとスキル。誰かの勇気になってくれたら、著者としてこれ以上の喜びはありません。

ボクらはわがままな起業で生きてゆく　目次

第2章 泣きっぱなしの幼少期——起業という働き方を知った日

第3章 起業、そしてどん底へ——波乱の中で手にした宝物

第1章

社会起業家という生き方・働き方

≪ 起業と社会起業の違い

終身雇用制度が崩壊し、働き方が多様化してきたことで、起業する人が増えています。

あなたは、「社会起業」という起業のスタイルがあることをご存知ですか？

社会起業とは簡単に言えば、**「社会の抱える課題を解決するための取り組みをすること」**です。

最初から営利目的にせず、**「社会課題を解決しながら経済的な安定を図ること」**が、一つの定義になります。

それでは、「起業」と「社会起業」の違いとは何でしょうか？

◉ 目的の違い

その違いは、まず目的にあると私は考えます。

図1　「起業」と「社会起業」は目的が違う

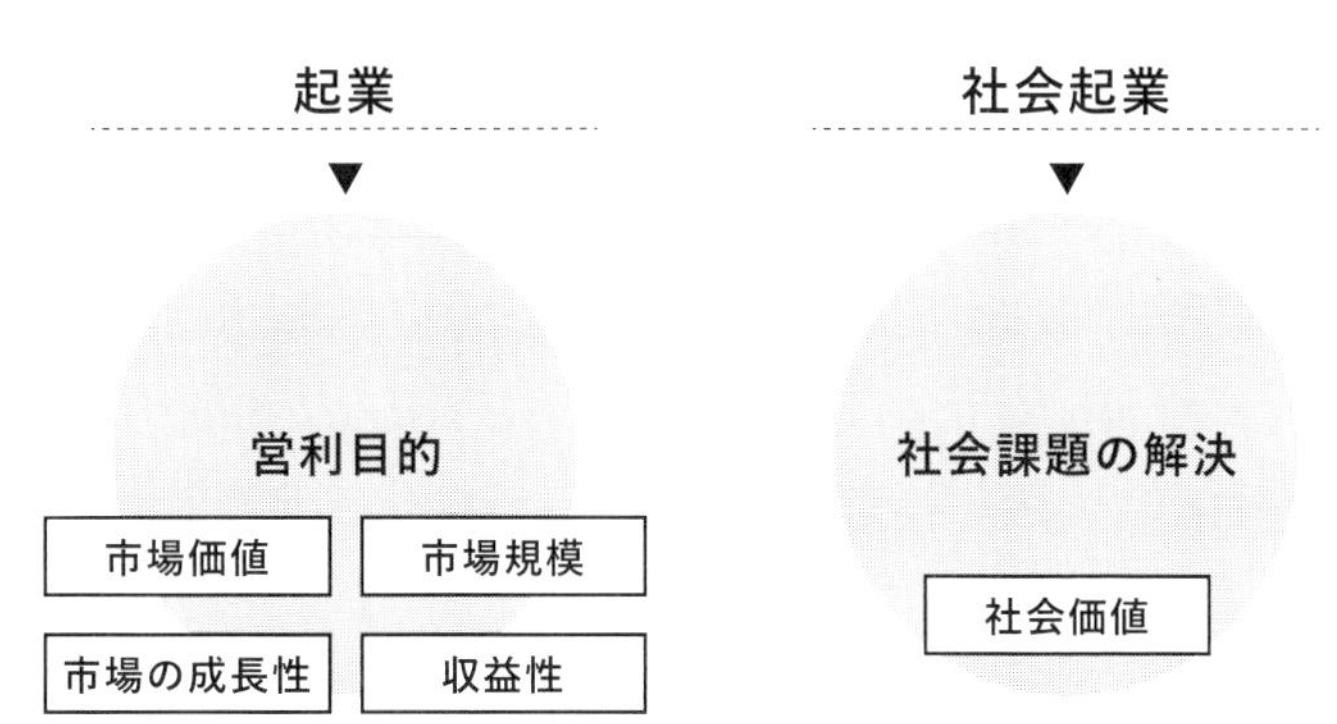

基本的に私たちの法人は障害福祉事業を行っていますが、その中で、いじめや差別、偏見、虐待のない社会を実現しようという理念で運営しています。

理念に沿って運営することは、NPO（非営利組織）に限らず株式会社でも、本来企業のあるべき姿という意味では同じことです。

ですからまったく同じカテゴリーのサービスをしていた場合、それが社会起業か起業かを区別するのは非常に難しく、そういう意味では、起業と社会起業に明確な線引きはできないと言えます。

しかし、起業の場合は、経済的な視点から事業を進めていく、つまり営利を目的にしています。

市場価値、市場規模、市場の成長性、収益性といった経済的な視点を持っているのが一般的な起業です。

一方、**目的に当たるのが、「営利」ではなく「社会課題の解決」である場合、それを社会起業と呼びます。**

例えば社会の課題を解決するために、NPOを立ち上げる人もいます。

しかし、そのほとんどが資金繰りに苦しんでいると聞きます。

NPOを維持するために地方自治体から補助金をもらったり、普段はサラリーマンなど別の仕事をしていたり、NPO以外で得たお金を使って社会課題に取り組んでいる人がほとんどです。

私が以前出会った人の中にも、とある伝統文化を残していくためにNPO（文化保存会）を立ち上げた人がいました。その人は、NPOを運営するための補助金や寄付を集め、それでも足りない場合は、自分たちが持ち出しをしてまで活動していました。

しかし残念ながら、こういう場合は社会起業とは言えません。

自分たちが行うその課題解決の取り組みを、経済効果を生むところまで持ってきて、初めて社会起業だと言えるのです。

◉価値基準の違い

そして今は世の中全体が社会価値や社会貢献を重視する傾向にあります。

一般企業においても、「理念経営」が強く言われるようになりました。

従来の、需要と供給がマッチするＷＩＮ－ＷＩＮの関係からもう一歩進んで、かつて江戸時代に大成功を収めた近江商人の「売り手良し、買い手良し、世間良しの三方良し」という言葉が、様々な企業セミナーで語られるようになってきたのです。

このように、最近は「社会価値」や「社会貢献」に視点が置かれている場合に社会起業という考え方が一般的になりつつあります。つまり、価値基準の違いによって起業と社会起業を区別するイメージです。

また、社会起業と名乗ってはいないけれど、創業の理念から社会起業に該当する例もあります。

例えば、プロスポーツ選手の引退後の就労斡旋です。

もちろんこれは、サービスの一環として取り組んでいるものと思いますが、「就労斡旋をすることによって、彼らのセカンドライフを応援したい」という気持ちがあるはずです。こういったものも、社会起業に該当すると考えます。

かく言う私たちも、最初から社会起業をすると言って事業を開始したわけではありません。最初は目の前の課題を解決できたらいいなという小さな思いから、徐々に大きく事業展開することができるようになり、社会起業だと言われるようになったに過ぎません。

以上のように、明確な線引きが難しい起業と社会起業。

それでもわざわざ「社会起業」と呼ぶのは、なぜなのでしょうか?

それは、起業する本人が、事業の主体となる**社会課題の解決を自分自身が担いたい**

という「原体験を持っているか」ということだと私は思います。

例えば、社会の在り方に深い矛盾を感じた体験、その矛盾の中で苦しんでいる人々に深い共感を覚えた経験などを持っていること。

そして、それらがビジネスに取り組む動機となっていること。どれだけ苦しい状態でもやり続ける理由が経営者にあることが、社会起業という言葉の意味なのではないでしょうか。

◉組織体の違い

起業と社会起業において、法人化する際に複数の選択肢が存在します。

自分でビジネスを始めようとする人の多くは、会社を設立せずに個人事業主として起業します。

個人事業主は個人で事業をするので、国からの支援も少なく、信用性はやや低いと言えます。しかし、利益がそのまま個人の所得になることや、手続きが少なくて済むため、規模が小さいうちは、個人事業主という形態で事業展開をすることをお勧めします。

図2　法人の種類（一部）

		内容
営利法人	株式会社	株主から委任を受けた経営者が事業を行い、利益を株主に配当する法人
	合名会社	個人事業主が複数集まり、共同事業化した法人
	合資会社	個人事業主が資本を出し合い、事業を行う法人
	合同会社	社員が資本を出資し､その範囲内で責任を負う法人 1人での設立も可能
非営利法人	NPO 法人	事業が一定の分野に限定され、不特定多数の人の利益のために活動する法人
	社会福祉法人	主として、障がい者や高齢者などを対象とした各種福祉施設などを運営する法人
	学校法人	一定額以上の基本財産の寄付が必要で、私立学校などを運営するために必要な法人
	医療法人	病院の運営、開設をするための法人
	社団法人	一定の目的達成を目指した構成員で設立する法人
	財団法人	特定の個人や企業などからの財産で設立され、公益事業などに投資し運用益を得る法人

会社を設立する場合は、法人化を行う必要がありますが、法人には様々な種類がありま す（図2）。

一般的に起業する場合は、株式会社を設立します。株式会社は株主から資金を調達して事業を展開します。営利法人とも言われ、事業で得た利益を構成員（社員）に分配することを目的としています。

一方、**社会起業をする人が設立するのは非営利法人です。**

名前の通り、営利を目的としない法人のことを非営利法人と言い、私が運営する特定非営利活動法人（ＮＰＯ法人）や一般社団法人、学校法人、社会福祉法人もこの非営利法人に属します。

非営利法人と言われていますが、利益を出してはいけないということではありません。活動で得た利益を団体の活動や発展に使用するので、給与もしっかり支払うことができます。

図3　「起業」と「社会起業」の違い

	目的	価値基準	組織体
起業	経済発展	市場価値	営利法人が主
社会起業	社会課題の解決	社会価値	非営利法人が主

◉収支の違い

通常の起業の場合、収入は、サービスを受ける側（お客様）が払ってくれることがほとんどです。ですから、しっかりとしたサービスを提供すれば、収入を増やすことができます。

一方、社会起業もサービスを受ける側が払ってくれますが、本当にその課題で困っている人しか購入しないので、**ターゲット層が少ない**という特徴があります。

そのため、場合によっては公的資金、企業や一般の人からの寄付などを得たり、行政からサポートを受けたりすることもあります。

えんとかくの場合は、ほとんど寄付はいただいていません。委託事業や補助金を受けることはありますが、それらがないと運営できないということはありません。

それでは、支出の方についてはどうでしょうか？

通常の起業の場合は、働いてくれた人には給与を、仕入先などにはその代金を支払います。

社会起業は、もちろん働いていただいた分を給与としてしっかりと支払いますが、ボランティアや無償の場合もあります。

えんとかくも人件費はかかります。加えて、ボランティアについても無償にはしていません。無償では責任を持ってサービスを提供することは難しいと考えています。したがって有償ボランティアか、もしくは学生であれば、何か学ぶことができるような仕事をしていただいています。

≪こんなにある！　社会の課題

我が国においては、子どものころから欲しいものは何でも揃い、諸外国に比べても生活

図4　社会課題の例

解決すべき社会課題は山のようにある!!

水準は高いと言われています。そんな豊かな国であるにもかかわらず、解決すべき社会課題は山のようにあります（図4）。

社会課題への対応は、政府や地方自治体が行っていることもありますが、政府・行政だけの対応では限界があります。その細部における支援を、私は社会起業で担うことが重要だと考えています。

私たちの身近な社会課題は、主に次のようなものがあります。

◉ いじめ問題

今までは弱い者に対して殴ったり、蹴ったり、ちょっかいを出すような直接的ないじめが多かったのですが、最近では、ＳＮＳを使用した中傷やグループでの無視など、間接的ないじめが増加しています。よって、周りが早い段階で気づいて、介入することが難しくなってきました。

◉ 子育て問題

都市化、核家族化、少子化、共働き家族の一般化により、地域社会の子育て機能が著しく低下しています。

その結果、子どもや親子関係に関する問題、子どもの犯罪、いじめ、不登校、引きこもり、児童虐待などが大きな社会課題になっています。

◉ 障害問題

現代社会では、多くの場合、障がいのない人の価値観が物事に反映されるため、学校や職場、あらゆる場面で障がい者が差別されることがあります。

車いすの使用者をはじめ、身体に障がいがある人たちがお店に入ることができないことも差別になりますし、多動傾向の子どもが個性と見なされず、障がいありきで判断されることなども差別になります。

◉ 介護福祉の問題

介護福祉の問題は、現代の日本社会が抱える大きな課題です。まずは介護難民問題。介護認定があっても、施設に入所できないだけでなく、家庭でも十分にサービスを受けられない六五歳以上の高齢者が増えています。

ほかには、六五歳以上の人が六五歳以上の人を介護する老老介護の問題。一人暮らしの高齢者の増加による孤独死。認知症の問題。高齢者への虐待問題。成年後見人トラブル……。

このような問題が増加しています。

◉ 個人商店の相次ぐ閉鎖問題

インターネットが普及し、ネットショッピングをする人が増えたことや、大型商業施設が増えたことで、昔ながらの商店街や個人商店の閉鎖が急激に増加しています。後継者不足も大きな課題です。

◉ 女性の活躍支援の問題

女性の活躍支援は、近年やや改善傾向が見られてきたとはいえ、育児、介護、家事といった役割分担が女性に偏っている現状において、雇用者が女性の永続的な就業を維持することは容易ではありません。そんな中でも女性が自由に働け、活躍しやすくなるような支援をしていくことは非常に大きな課題になります。

それ以外にも、医療ミスの問題、小さいお子さんを抱えているお母さんの働き方改革、引きこもりの就労支援もあります。

また、次のような支援をしている人たちもいます。

- カンボジアの女性の働く場所を作り、人身売買等を防止する活動をしている（NPO法人SALASUSU）（108ページ参照）。
- 女性が活躍できる社会実現に向けて女性起業家を応援する（インターアクトスペースWits）（184ページ参照）。
- 引きこもり支援として、仕事に対する自信を付けさせ、活躍の場を提供する（社会復帰支援アウトリーチ）（176ページ参照）。

これらは、テレビや新聞、インターネットなどで、見たり聞いたりしたことがあるかもしれません。

ほかにもいろいろありますが、社会が直面している課題解決に向けた取り組みができれば、それは大きな社会起業の一つであると思います。

社会起業にまつわる誤解

社会起業については、様々な誤解があるようです。

今となっては笑い話ですが、私が異業種交流会などに参加して名刺を渡すと、必ずと言っていいほど、

本業は何ですか？

これで儲かるのですか？

その仕事で生活していけるのですか？

というような質問をストレートに投げかけられました。

ここでは、皆さんが社会起業について抱いている誤解について、事実をお伝えしていこうと思います。

誤解❶ 自分の周りに社会起業が存在していない？

「社会起業が自分の周りに存在していない」と思っている人は多いのではないでしょうか。しかし、それは社会課題を知らないか、もしくは、もっと大きい課題でなければならないと思い込んでいる人が多いからではないでしょうか？

社会課題というのは、人が生活している限り、無限に存在しています。

実際に生活の中で発生している「リアルな困りごと」こそが、ほかの人も同じように困っていることであり、そのまま社会起業へと繋がっていきます。

よって、あなたにしかできない社会起業は、あなたの経験の中、あなたの心の中にあります。

私も含め、社会起業を運営している人のことを「社会起業家」と呼びます。

社会起業の数だけ、社会起業家が存在しています。

質の高い教育を提供したいと考えて設立する学校法人や、少しでも地域が向上してほしいと願って病院を建設する人、地域社会が少しでも良くなればと考えて起業する人、社会のために自分の力で何ができるかを考えて事業を行う人たちは、すべて社会起業家だと言えます。

誤解❷ 社会起業は儲からない？

私が様々な場所でよく耳にするのが、この「社会起業は儲からない」という言葉です。

儲からない、それでは生活できない、補助金や助成金といった補助で運営している……。

よく耳にするということは、それが社会起業について持たれている世間のイメージなのでしょう。

お金を儲けるためだけに社会起業をしている人はいません。じゃんじゃんお金を稼ぎたいから社会起業しようという社会起業家もいません。

もちろん事業をしているのですから、利益を生むことは非常に大事です。

海外の社会起業家の中には、年収一〇〇〇万円を超えている人もたくさんいます。

しかし、儲かる儲からないを視点に判断してしまうと、社会起業を行っていく意義がずれてしまいます。**社会の課題を解決しながら経済を回していくその仕組みこそが社会起業なのです。**

誤解③ 社会起業はボランティア？

講演等で常日ごろ伝えているのですが、どんなに良いことをしていても、ボランティアでは永続的に事業を維持することができません。**起業である以上、ビジネス化する必**

要があります。

大事なのはそれで収入を得ること、生活できることです。

大きな会社でも潰れる時代ですから、事業を永続的に維持するというのは並大抵のことではありません。事業を一〇～二〇年続けていけるようにするには収入が必要で、収入がないことには人も雇えませんし、継続することは難しいのです。

社会起業のメリット――心からやりがいを感じる

私が社会起業をする理由の一つに、**目の前の人から直接感謝の言葉をいただける**ことがあります。

もちろん、私がしたいからやっていることですし、目の前で困っている人を助けるという行為をストレートにやるため、その問題が解決すれば感謝もしてもらえます。

解決できなかったとしても、その時点からどこまで一緒になって関わってあげられるだろうかと考えることができます。

目の前の人から直接感謝の言葉をいただける……。そういう部分において、私にとっては、この仕事は非常にやりがいのあるものだと感じています。


なぜ、私がそんなことを感じるのか？

それは、幼少期に感じていたことや、二〇代のころに携わっていた仕事の経験や当時の思いが影響しているのかもしれません。


私が二〇代のときにやっていたのは、情報ビジネスという仕事でした。

いわゆるネットビジネスです。

ネットビジネスと一言で言ってもいろいろありますが、ホームページ制作、アプリ制作、情報商材の販売等を行っていました。


私はその中で、人と顔を合わせて仕事をすることはほぼありませんでした。

コミュニケーションの多くはメールか電話のやりとりだけ。電話にしても、一、二回話せばそれで終わりです。

当時は、ネットビジネス全盛期。ネットバブルと言われた時代でした。私のやっていたネットビジネスも波に乗り、業績は右肩上がりに伸びていきました。

しかし、相手の見えないネットビジネスは、次第に私の心と身体に不協和音を鳴らし始めました。

本当にこれでいいのかな？
これが本当に喜ばれる仕事なのかな？
どこか自己満足で終わってないかな？

何となくどこか不安がある中で仕事が完了していったのです。

そして、そういった不安は日に日に大きくなっていき、私はお金儲けの情報に振り回されるようになりました。

お客様からの感謝の言葉がうれしい

神経はいつもピリピリし、ビジネスがうまくいったときも、それは喜びではなく「ああ、助かった、良かった」という安堵の気持ちだけ。

私は本来の自分を見失ってしまい、精神的に参ってしまいました。

それに対して現在私のやっている仕事は、実際に目の前にお客様（利用児童や支援者）がいてくれます。顔を突き合わせて仕事をするので、ある意味サービス業に近いところがあります。

自分自身が解決したいと思うことも含め、お客様の願いを直接叶えてあげることができるので、仕事をしながら感謝の言葉をいただくこともできるのです。

私は今、代表であり、基本的にはマネージメントをすることが主軸になっていますが、現場に足を運び、子どもと顔を突き合わせ、一緒に遊ぶこともよくあります。

現場で子どもたちと一緒にブロックなどを組み立てながら、「この子はどんなことが好きなのだろう？」「どんなことが向いているのだろう？」と考えます。子どもと遊ぶ時間は非常に充実した時間です。

私の最終的な夢は、子どもたちが自分の才能を活かして、こんな仕事がしたいと言い出してくれること。そんな子どもたちのために日々何ができるかということを考え、実践しています。

また、これから社会起業をしたいという人の相談も増えました。

例えば、豊明市には現在、シャッター商店街が増加しているという課題があります。

そこでは、商店街を活性化させるためにどんなことをしていけばいいのか？　どんなサービスを作っていけば社会の活性化に繋がっていくのか？　という相談を受けます。

それらの企画やアイデアが、街のためになったり、そこに住んでいる人のためになったりすれば、これほど嬉しいことはありません。


これからは、障がいがある子どもたちの特性を活かして事業ができるような環境の整備をしていきたいと思っています。

例えば、障がいのある子の中に、お金を持つと全部使ってしまう子がいたとします。

そこで、お金の使い方を覚えてもらいながら、その子が成人したあと、経済的な自立ができるような環境を作ってあげたいと考えています。


私がそうだったように、どんな人間であっても自分のやりたいことを見つけて自立し、幸せになっていくことは可能だと思っています。

ですから、今ここに関わっている子どもたちとも、一緒に何かを行っていきたいと思っています。

≪ 社会起業のデメリット――事業継続にまつわる困難

社会起業にはデメリットもたくさんあります。それは大きく二つ挙げられます。

①共感が得にくい

社会起業したいと考える人の多くは、個人事業主としてスタートします。

社会起業というのは、自分がいいと思えば起業できる反面、非常に共感されにくいところがあります。

そして、共感されなければ自己満足に終わってしまうので、事業を続ける意味はありません。それが一つ目です。

例えば、自分のやりたいという思いが強すぎてしまうと、「それは本当に社会に必要なの？」という疑問が周りから出てきます。

自分の経験や解決しようとしていることが、実際には社会にとってまったく必要とされていないときがあります。そうすると、いつまで経っても事業として成り立ちません。それでは困ります。

ですから、そうならないためにも、**社会起業を考える人は、他者との違いの部分を客観的に見る必要があります。**

その課題は、自分一人が感じている不満なのか、社会全体が感じている不満なのか。課題に対する根拠を冷静に見ていく必要があります。

行政機関、大学などの第三者機関が、様々な形で社会課題を公表しています。

自分の経験や解決しようとしていることが、社会の実態から見て本当に必要なことなのかを常に見定めてください。

もし、必要でないのであれば、共感を得ることは難しいと言えるでしょう。

②資金調達が難しい

社会起業のもう一つのデメリットとして、お金が借りにくいということがあります。

銀行、日本政策金融公庫など、融資を受け付けてくれるところはありますが、当然のことなから、融資を受けるには事業プランを立てなければなりません。

しかし、身近な課題から事業プランを考えると、大きな事業プランを立てにくく、また課題に対する思いが強すぎて、わかりにくい事業プランになりがちです。

事業プランを立てにくい理由はいろいろありますが、その一つに「起業する人だけの満足に焦点が当たっている」ことが挙げられます。

前述した文化保存会（14ページ）を例に挙げてみると、その文化を保存することだけが目的になってしまっているため、ビジネスとして利益を生むことはできていません。

それによって何が社会的なサービスになるのか？

文化が消失するということは、確かに社会課題かもしれませんが、それを維持することに誰が対価としてお金を払うのかと考えたとき、結局、その文化を残したい人しか投資しないので事業になりません。

伝統文化の消失——それは社会課題のテーマでしかありません。伝統文化の保存とは、つまり社会課題に対して支援しているだけになってしまいます。

それでは、残念ながら事業にまでは至らないわけです。今後先細っていくことは容易に想像でき、非常に厳しいところです。

これを事業化するのであれば、例えば、**その文化財を利用して商品開発をし、地域の名産として販売する、観光資源にするというところまで持っていくことができれば、事業として成り立つ**のではないかと思います。

≪「特定非営利活動法人えんとかく」でしていること

二〇一三年一二月、愛知県豊明市に「いじめ・差別・偏見・虐待のない社会の実現」を経営理念に掲げ、特定非営利活動法人えんとかくを設立しました。

えんとかくという名前は、ご縁を繋ぐということ、そして発達障害のある人たちは成長曲線が凸凹になりますが、療育支援を行うことで成長し、様々な力を開花させてほしいという願いから私たちが付けたものです。

設立してから七年、豊明市内に五つの事業所、名古屋市内に一つの事業所を構えています。

働いている人は看護師や保育士、機能訓練指導員といった国家資格所持者が多く、福祉業界で長年経験をされた人たちが働いています。

以下に、えんとかくが運営する六つの事業所を紹介します。

多機能型障害児通所支援事業所てかぽ[※1]

てかぽでは、二つの事業を行っています。

一つは児童発達支援事業。

これは二歳から六歳の未就学児を対象とした支援・療育の実施です。

日常生活における基本的動作および知識技能を習得し、集団生活に適応することができるよう、児童に対して適切かつ効果的な支援および訓練を行っています。

もう一つは放課後等デイサービス事業です。

こちらは六歳から一八歳までの学校に通っている児童を対象とした支援・療育の実施です。

学校に通っている児童に対して、放課後や休日、夏休み等の長期の休み中において、生活能力向上のための訓練や学校教育における学習の支援等を行っています。

てかぽという名前は、ニュージーランドにある世界一星空が綺麗と言われている「テカポ湖」に由来しています。

私たちは現法人の前身として、困難を抱える子どもの個性を伸ばしていくためのセミナーや障害理解啓発活動を行う「ほしぞら」という団体を運営していました。

子ども一人ひとりの個性を星にたとえ、星空とともに輝いてほしい、子どもたち一人ひとりが持つ輝きをこのテカポ湖のように引き出せる場所であってほしい、そんな思いが込められています。

そして「て・か・ぽ」のそれぞれの文字にも思いがあります。

まず「て」は、適応、適切、適度、適時など、良い意味に使われる言葉から取ったものです。

そして「か」については、感じたり、考える力を伸ばす療育を行いたいということから来ています。

最後の「ぽ」は、ポジショニング、ポジティブから取ったものです。ポジショニングは距離感や自分の居場所を見つけることです。そしてポジティブは、何事も肯定的にとらえて実践してもらえるように取り組んでいきたいということです。

指定障害児相談支援事業所アイベラ[※2]

指定障害児相談支援事業所アイベラは、指定障害児相談支援事業所と指定特定相談支援事業所が一つになったものです。障がい児のための相談支援と計画相談支援を行うサービスです。

支援が必要な障がいのある人や、そのご家族が利用できます。面談やアセスメントを通して、一人ひとりのニーズや状況に合わせた「サービス等利用計画」を作成します。

その後は定期的にサービスの利用状況などを聞き取りし、変更が必要な場合には「サービス等利用計画」の改善を行います。

アイベラという名前はアイルランドにある半島の名前に由来しています。この半島も星空がとても綺麗に見える地域です。

不登校児童の居場所スペースfpトヨアケ

fpトヨアケは、不登校児童の居場所作りのための施設です。自分でその日一日何をするかを決め、それを達成するためのサポートを行います。

ｆｐとはフリープラネットの略であり、児童が自由に、そして気持ちや場面に合わせて緩急をつけることができる居場所作りを意識しています。

ｆｐトヨアケと同じ場所に、学習支援ほしの子教室があります。

ここも特別支援学級の子どもや不登校児を対象にしています。児童一人ひとりの学力の状況に合わせて学習支援を行っています。

重症心身障害児対応多機能型障害児通所支援事業所第2てかぽ[※3]

重症心身障害児対応多機能型障害児通所支援事業所第2てかぽは、基本的には、てかぽと同じですが、主として重度の心身障害を持って生まれてきた子どもたちが、健やかに笑顔で過ごせるような居場所作りのための施設です。

居宅訪問型児童発達支援事業ルピナス

ルピナスはご自宅にお伺いして未就学の児童に対して療育支援を行ったり、ご自宅での様子を確認し、アドバイスやご相談に乗る事業です。

ルピナスは天に向かって伸びていく花で、花言葉は「いつも幸せ」や「あなたの安らぎ」です。保護者に安らぎを提供できるようなサービスを心掛けています。

訪問看護ステーション　さ笑み・Sun

豊明市のお隣、名古屋市に作った事業所です。

訪問看護ステーションでは小児を主対象に看護師がご自宅にお伺いし、医療的なケアや保護者のレスパイト（休息）ができるようなサービス等を提供しています。

太陽の光を浴びて自然と笑みが出るような、保護者や子ども達が太陽のように輝き笑顔になるようなサービスをという思いで名付けました。

そしてこれからは、障がい者が働くためにトレーニングができるような場所を手掛けていきたいと考えています。

※1 **多機能型障害児通所支援事業所**
午前中は「児童発達支援」の事業所として未就学児にサービスを行い、放課後の時間帯は「放課後等デイサービス」の事業所として、一箇所で二つ以上のサービスを行っているような事業所のことです。

※2 **指定障害児相談支援事業所**
障がいのある児童が「障害児通所支援」(「児童発達支援」や「放課後等デイサービス」等)を利用する前に、障害児支援利用計画を作成し、一定期間ごとにモニタリングを行う等の支援を行う事業所のことです。

※3 **重症心身障害児**
重度の肢体不自由と重度の知的障害とが重複した状態を重症心身障害と言い、その状態にある子どもを重症心身障害児と言います。さらに成人した重症心身障害児を含めて重症心身障害児(者)と呼ぶことと定めています。これは医学的診断名ではなく、児童福祉での行政上の措置を行うための定義(呼び方)です。

第2章

泣きっぱなしの幼少期

――起業という働き方を知った日

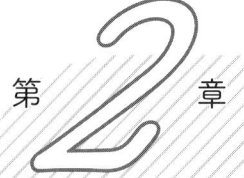

≪いじめ、不登校、情緒不安定　泣きっぱなしの幼少期

私の小さいころを思い出すとき、部屋の隅で一人、ブロックや積み木で何かを組み立てている風景が目に浮かびます。集中すると時間を忘れ、気づくと外が真っ暗になっていたこともあるほど没頭して何かを作っていました。

私にとって没頭する時間というのは、何にも邪魔されない至福の時間でした。

何もかも忘れ、こんなことがあったらいいな、こんなことができたらいいなと、ずっと空想していました。できたときのことを考えて、自然とにやけていたり……。そんな時間がとても幸せでした。

一方、ドッジボールをすると、あっという間に標的にされて当てられていました。足が遅かったので、かくれんぼをして鬼になったときなんかは、誰も捕まえることができず、ずっと走り続けていました。

足も遅いし、運動もできないし、勉強もそれほどできない。

みんなどうしてそんなにできるんだろう……。

自分ばかりどうしてこんな目にあうのだろう……。

これが当時の私の心の声でした。


人と関わることの苦しさは、私が三重県伊勢市から愛知県名古屋市の小学校に転校したことにより、さらに強くなりました。

入学した小学校には、地域の幼稚園出身者がほとんどそのまま入ってきます。すでに友達関係ができあがっている中で、転校生だった私は見知らぬ他人です。笑いかけてみたり、話しかけてみたり、最初は打ち解けようと一生懸命でした。しかし、それはあまりうまくいきませんでした。

私が何か話すたびに方言を笑われ、からかわれるのです。そのたびに私はパニックになり、泣いたり暴れたりしました。

みんなで掃除をしていたときのことです。私は階段の踊り場を掃除していました。すると、上級生が集めたゴミの上に土をかぶせてきて、からかい出したのです。私は、そのことを先生に告げ口しました。

しかし、それがどういうわけか私の知らないところで大ごとになってしまい、最終的には私のせいになって、先生に思い切り殴られたのです。

私は悪くない……。

今となってはあいまいな部分もあるのですが、このことは悔しかった出来事としてずっと私の記憶に残っています。

人のためだと思ってやったことが、的外れで怒られることもありました。

確か小学校四年生のころは、理由もなく毎日泣きっぱなし。特に夏休みを挟んだ三か月間は学校にも行かず、ずっと泣いていました。

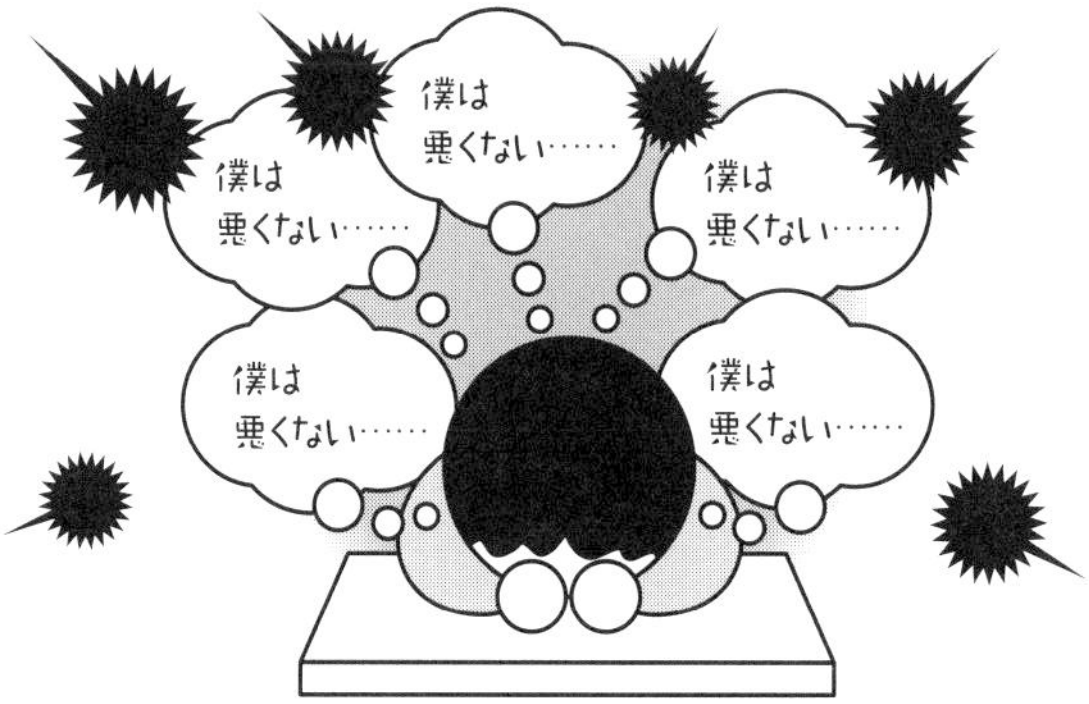

考えてみると、方言や体形以外に、コミュニケーションの取り方の部分で、私にも原因があったのです。しかし、当時はそんなことを知る由もなく、私はどんどんふさぎ込んでいきました。

そのうち、「言い返してもまたからかわれる」と、諦めにも似た気持ちが芽生え、誰とも話さない日々が続きました。

学校に行っても居場所がありません。よく授業中につっぷして拗《す》ねている子がいますが、まさにそれが私でした。

何か一つでも得意なことがあれば、それが友達を作るきっかけになったりするのかもしれません。

しかし、勉強もスポーツもルックスも今ひとつ。

コミュニケーションを取ることも苦手で、当時は趣味もありませんでした。

ですから、自信を形成する要素がまるでなく、テレビばかり見ている毎日でした。

≪コミュニケーションが苦手。早く学校を辞めたい!!――中学生時代

私の孤独感は中学校に入っても変わらず、さらに大きくなるばかりでした。

友達は数人いましたが、一つのグループに属することはせずに、いつもあっちのグループ、こっちのグループと転々としていました。

よく、大人になっても学生時代の友達との付き合いが続いているという話を聞くことがありますが、私には今でも繋がっている友達など一人もいません。

深く付き合うことを避けていたのです。

インタビューや取材では、聞かれたことはすべてお話ししていますし、失敗談を話すことに抵抗はありません。しかし、わざわざ自分から誰かに本音を話すようなことは得意ではないようです。

「その話をする意味があるのかな？」

「知ってどうするの？」

そんなことを考えてしまうのです。

恥ずかしい話ですが、中学一年生のとき、女子にからかわれたことが原因で、学校を休みがちになりました。

今のようには保健室登校がなかった時代。私は仮病を使って休みました。

両親はそんな私を見かねて、「学校に行くんだ！」と無理やり連れて行こうとしました。

それでも私は、学校に行く意味がわからなくなっていたので行きませんでした。

そんな日が数か月続きました。

最初は心配していた父も、私にどう対応してよいのかわからなくなったのか、「行かないなら死ねばいい！」と言うこともあり、そういう日はもう修羅場でした。

母は私の将来を心配して泣いていました。

そのときのことは今でもよく覚えていますが、今更ながら、母には私のせいでつらい思いをさせてしまったと反省しています。

≪ 希望の光を見た！　「起業」という働き方を知った日

その後、私は高校に入学しましたが、いくつになっても生きづらさは変わらず、なぜこの世の中は不条理なのだろうかといつも感じていました。

成績は総合的には中の下でしたが、理論的な発想が好きだったこともあり、数学の成績は良かったです。

逆に国語、社会、公民といった暗記をするような教科はまったくダメでした。心のどこかで「そんな言葉を覚えてどうするの？」と思っていたので、こういった教科のテストで点を取ることは相当苦戦しました。

高校生になると、将来の話を始める人もいましたが、私は将来を考えることが嫌で、ただ漠然と大人になりたくないなと思っていました。これからどうすればいいのか、答えを見つけられずに月日だけが経っていきます。そんな中、大学に行くのか働くのかと悩んでいるときに、近所の床屋さんの一言が私の人生を変えるきっかけになるのです。


それは夏の暑さも落ち着いた八月の終わり。

近所の床屋さんで世間話をしながら髪を切ってもらっていました。

当時一七歳。

私はただただ、「サラリーマンとして働く人生を送りたくない」という話をしていました。

そのとき、

「起業という働き方もあるんだよ」

床屋さんが私に教えてくれたのです。

「起業！」

私にとっては衝撃的な言葉でした。その言葉を聞いたとき、私は驚きと希望が入り混じったような気持ちになりました。

それまで、何一つやりたいことがなかった私。学校という組織にいることがつらく、将来サラリーマンとして働く現実を、どうしても受け止めることができずにいました。

だから、起業という言葉がどれだけ魅力的に響いて聞こえたことか。私は床屋さんのこの言葉で、起業する道を選ぶことを決めました。

起業を決めた理由は、「かっこいい」「お金持ちになれる」「誰もやっていない」「人生の

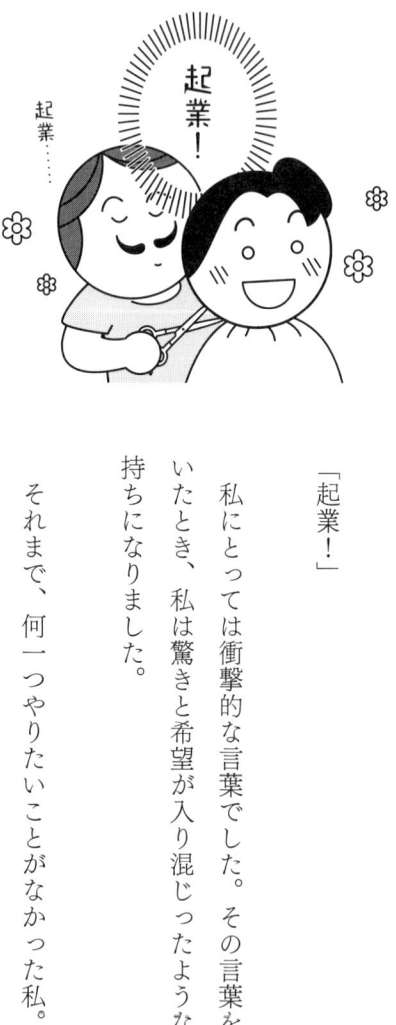

勝ち組」とそんな単純なものでした。今まで私をいじめてきた人たちを見返したい、そんな気持ちもあったのかもしれません。

今でこそ、起業についての本を探そうと思えばたくさんありますが、当時は、ダイヤル回線のインターネットが普及し、携帯電話にメール機能が付き始めたころ。

周りに起業に関する情報はほとんどありませんでした。

床屋さんもそうですが、起業するといえば、何かの職人さんになるしかないわけです。それ以外だと、医師や弁護士、税理士、会計士などの士業。

自分の能力でそれができるかと言うと、できるわけがない。じゃあどこかに勤めて、その技術を盗んでサービス業をやるか？　と言っても、それもピンとこない。

「起業する」と決めたものの、いったい自分に何ができるのか？　当時の私には見当もつきませんでした。

第3章

起業、そしてどん底へ

――波乱の中で手にした宝物

≪ 一発逆転を狙って起業

「起業」という言葉に人生の光を見つけたものの、起業の方法、必要な資格、何を売ればよいのか……。起業するにも知識が足りないと思った私は、大学を受験することにしました。

今は起業する人が多いので、本屋に行けば、起業に関する本は売っていますし、パソコンで検索すれば、起業に対しての情報や成功者の話を簡単に得ることができます。

しかし、当時は起業と言うと、「借金を抱えて失敗する」というネガティブなイメージが先行していたため、私が起業すると言うと、ほとんどの人に反対されました。

反対されるだけならまだいい方で、頭がおかしくなったとまで言う人もいました。

それでも、起業するという思いは揺るぎませんでした。

大学生活が始まり、初めて一人暮らしをしました。

遊び相手も話し相手もいない環境での生活も、時間が経つにつれ、少しずつ慣れていきました。

当時は今のようにはインターネットも普及していなかったため、起業するには、完全に独学で学ぶしかありませんでした。

私は、起業する準備時間を作るために、早く卒業単位を取ってしまおうと考え、一、二回生のときはほとんどすべての時間を単位修得に費やし、卒業に必要なほぼすべての単位を修得しました。

三回生になって、どんなサービスで起業するかを本格的に考えるようになりました。とはいえ、学生同士のコミュニティだけでは起業のための学びはないと考え、**異業種交流会や社会活動などに参加する**などして、社会で活躍している人たちに積極的に会うようにしました。

異業種交流会では、起業している人、これから起業する人など、様々な人が参加していました。その中に、自身の経験から、寝ながらトイレができる介護用ベッドを作りたいという七〇歳の男性がいました。その男性は、これからの介護業界を変えたいと生き生きと

異業種交流会は、
様々な人が参加していて
刺激的！

されていて、私にとって非常に刺激になりました。

社会活動では、ＮＰＯなどの活動を見学、体験しました。

印象に残っているのは、前にも述べた過去の文化の維持・保全を行い、未来に残していく活動をしている人たちとの交流です。

その人たちは、志高く、地域の文化を大切にされていましたが、いつも、維持していくための資金がないと嘆いていたのが印象的でした。

なぜこれだけの協力者がいて、支援もあるのにできないのだろう？　どれだけお金がかかっているのだろう？　維持するにはどれだけ必要なのだろう？といったことに非常に興味を持ちました。

資金がないと言っていたのは、この団体だけではありませんでした。

資金繰りに困り、経営ができなくて活動を中止する法人をいくつも見ることで、**「ボランティアでは中長期の経営ができない」**という考え方が身に付きました。


起業するなら、世の中のためになる活動をしている人たちに寄付できるくらい、しっかり稼げるようになりたいと考えるようになったのは、このころです。

≪ ネットバブル到来！　ホームページ制作会社を立ち上げる

起業すると決めたものの、どんなサービスで起業すればいいのか、起業のアイデアが生まれずに悩んでいました。

当時はインターネットバブルが始まったころです。

それまでは、インターネットで情報やモノを売るのは怪しい商売だと言われていました。

その一方で、インターネットを使ったビジネスで大きな成功を収める人たちが続々と現れ、世を賑わせ始めていました。

私は、それまでパソコンには興味がなく、ほぼ娯楽のために活用していた程度でした。

しかし、卒業研究でロボットのプログラミングを行い、宣伝のためのホームページにも接するようになり、自分の作成したプログラムがインターネット上で反映されるという面白さを知ってから、パソコンにのめり込むようになりました。

この経験から、パソコンスキルは人よりも持っていたので、これはチャンスだとインターネットを使って起業することにしました。

今では定番ですが、まずはヤフーオークションなどのオークションサイトを利用して、リサイクルショップを始めました。はじめは自分の持ち物、ゲームなどを売りました。不用品や友達に頼まれたものまで、どんどん売りました。

売れるための工夫もしました。

販売カテゴリーを明確にして商品を探しやすくしたり、類似商品からどんな人が興味を持つのかを検討したり、最初の値段を安くして入札数を増やしてみたり、細部まで写真を撮ることでお客様の不安を取り除いてみたり、説明文にこだわってみたり。売れることが楽しく、また時間もあったので、考えられることはすべてやりました。

同じころ、ホームページの制作を請け負うようになりました。

今でこそ無料のホームページがありますが、当時はホームページを一件制作するだけで、何十万円といただくことができました。そのせいもあり、ホームページ制作にはやる気が出ました。

この仕事が軌道に乗り出したので、私はホームページ制作会社を立ち上げました。

儲かると言われた仕事はどんどんやりました。

車の売買や、パソコンの修理をして販売するパソコン転売もやりました。

古物商の資格も取り、競《せ》りの場所に出入りし、古物と言われるような骨董品を扱ってみたこともあります。


当時、私は起業に関する知識もろくにない二二歳の大学生。すべてが手探りでした。

親が事業をやっているというようなバックボーンもないので、ずいぶん間違った方向にも行きました。何の結果も得られないようなことを一生懸命やって、ドツボにはまるなど、とにかく数え切れないほどの失敗もしました。

今だから笑える！　数多くの失敗談

お金が欲しいという気持ちが強すぎたせいで、騙されもしました。

今となっては笑い話ですが、以下は私が経験した失敗の中でも特に印象に残っている出来事です。

◉ 一万円で価値のない情報商材を買う

情報商材とは、インターネットを介して売買される情報のこと。「情報」の内容が商品になります。情報商材は買ってみないと内容がわからないという面があるため、当時は価値のないものまで高く売られていることがありました。

今でも覚えているのが「瞬く間にあなたの口座にお金が入る方法」という情報商材。思い切って一万円で購入しましたが、単にサラ金からお金を借りましょうという内容のものでした。

◉ 自社サイトでネットショップを作り、採算が合わずに失敗

オークションサイトで手数料を取られるのがもったいないと、ネットショップを自分で立ち上げ、自社サイトで販売するようにしましたが、アクセス数があまり伸びませんでした。商品の調達や管理をすべて自分一人でやっていたので負担がとても大きく、採算が合わ

ずに断念しました。

◉全身真っ白のスーツで営業して失敗

服のセンスはもともとありませんでしたが、どこかのカリスマ営業マンが、全身真っ白のスーツを着て営業していたと聞いたので、さっそく真似してみることにしました。

目立つことで名前を覚えてもらえれば商品を買ってもらえると思いましたが、攻めどころを誤り、ただ目立っているだけの人になってしまいました。

◉名刺を奇抜にしたが仕事に繋がらず

名刺を奇抜にして名前を覚えてもらおうとしましたが、結局そこから仕事に繋がるようなことは一切ありませんでした。

当時は様々なサイトの運用をしていたので、それぞれの名刺を持って、たくさんお渡しすることがかっこいいと勘違いしているところもありました。

ただ有名企業の社長を知っているというだけでメリットがある、その程度の考えしか持っていませんでした。一度お会いしただけで、どこどこの〇〇さんと交流があるなどと人脈をアピールしたり、まだ若くして起業したということばかりを自慢していました。

今考えると、ビジネスの基本である**相手へのメリットの提供**が何一つできていませんでした。

そのころになると、少しずつ、経営学、起業、成功者の本が出てきていました。

私は本を読むことは大好きだったので、できるだけ多くの本を読み漁《あさ》り、できそうなことはすべてやりました。

生まれ持った才能や圧倒的な人脈で、二〇代から起業して上場する人など、最近よく見かけます。

起業したいという思いだけで起業し、知識も経験もなかった私はずいぶんと遠回りをしました。しかし、そこでの多くの経験が今に繋がる修業となり、結果としてすべてが私の財産になっています。

《お金を追い求めて

起業を始めて数年経ち、古物商の転売、家庭教師、ネットビジネスなど、人並みに稼げるようになりました。

しかし、当時の私はビジネスの本質からはほど遠いところにいました。もちろん手探りだったこともありますが、今思えば、お金だけを追い求めていました。

商品の内容や情報を、儲かるならやる、儲からないならやらないと、お金になるかどうかを基準として判断していたのです。

わかりやすい例で言うと、数年前は株、次はＦＸ、今は仮想通貨というように、儲かると言われるものに飛びついていました。


そして、起業しているという高揚感も、長くやっているうちに単なる作業に変わっていきました。

毎日、モニターに向かう日々。

情報商材の飽和により、今までのサイトでは売れないというクレームが増えていき、いったいこの仕事は誰の役に立っているのかと考えるようになりました。


本当に誰が喜んでいるのかわからない。

自分も別に喜んでいない。

たとえ自分の読みが当たって儲かったとしても、それは喜びではなく、ああ良かったという安堵感だけ。

ネットビジネスはいかに自分をよく見せるかという世界でもあります。憧れを売るようなブランディング戦略のせいで私の生活も派手になっていき、たくさん稼いでいるのになぜかお金はたまりませんでした。収入も安定しないので、いくら使っていいのかもわからない。

私はお金儲けの情報に振り回されて、だんだんと心身がおかしくなっていきました。

精神の病は身体にも当然影響を与えてしまうのです。

暴飲暴食と不規則極まりない生活をしていたので、気がつくと体重が一〇〇キロを超えていました。

それから数年、何とか回っていましたが、無謀な挑戦ばかりしていたので、資金ショートを起こしてしまいました。

さらに、関わった人たちとの関係性があまりにも良くなかったせいで、精神的にも限界を感じ、会社を清算しようと決めました。

その結果、ずいぶんと多くの人に迷惑をかけてしまいました。お金を追い求めていった先にあったものは、お金でも幸福でもなく借金だけ。

私は、仕事と信用を同時に失ってしまいました。

このとき、**誰のために仕事をするのか、何のために仕事をするのか**を見誤ってはいけないということに気がつきました。

すべてを失くして手に入れたもの

会社を清算し、私はどん底にいました。すべてを失くして、借金が残った中で、早急に仕事を探さなければならず、私は追い詰められていました。

こんな俺を
信頼してくれている
人たちのために
働こう！

しかし、大きなものを一つ手に入れました。

それは両親との関係です。それまで私は、両親から信頼されていないと感じていました。学生時代の自分の行いを考えれば、当然のことでした。失意の中、地元に戻った私に対して両親がかけてくれた言葉は、予想外のものでした。

「よく頑張ったね。私たちの子どもなのだから、あなたなら大丈夫。あなたを信じている。愛しているよ」

この言葉を聞いて、私の中で何かが変わりました。信じてもらえていたこと、応援してくれていたこと、愛されていたこと……。

誰か一人でもそんなふうに思ってくれていたということが、こんなにも心強いことなのだと知りました。

それまで、人の役に立っていないという空虚感しかなかった仕事が、大きく変わりました。

私は、私を信頼してくれている両親や、私を必要としてくれている人のために働こう、そう決意したのです。

《発達障害の子どもとの出会い

インターネットの事業と並行して、学生時代から細々とある仕事をしていました。

家庭教師の仕事です。

教えることが好きだということがありました。また、志望する高校に合格し、目の前で喜んでくれる子どもたちや保護者の皆さんの姿を見ることは、非常にやりがいを感じることてもあり、お金にはなりませんでしたが、非常に楽しくて充実感がありました。勉強があまりできなかったからこそ、できない子どもたちが何に困っているかよくわかりました。

それが正しかったのか、もしくは、自分の気持ちに正直に仕事をしていたからなのか、仕事もどんどん増えていきました。

インターネットビジネスは、全国的に顧客を集めることができる反面、個々の顧客のニーズにマッチしているかどうかがわかりにくいものであったのに対し、マンツーマンで子どもと接し、真近で反応を見ることのできる家庭教師という仕事は私に向いていたのだと思います。

家庭教師をやっていく中で、発達障害[※4]の子どもに出会いました。

今もそうですが、障がいのある子どもの勉強を見てくれる塾や家庭教師というのは、なかなか見つかりません。

この出来事は私の人生に大きな変化をもたらす一歩になるのですが、そのときは、相手が困っているし、自分になら解決することができるかもしれないと、非常に安易な気持ちで引き受けていました。

≪ 発見と驚きの連続！

そこから私の障害支援が始まりました。

発達障害の子どもと接することは、私の想像をはるかに超える発見の連続でした。

当時教えていたのは、小学一年生の男の子でしたが、数字が覚えられず、わからないところが出てくれば大きな声で泣き、暴れることもありました。

彼が癇癪《かんしゃく》を起こすたびに、どうしたら伝わるのだろう？　何が彼の気持ちを崩したのだろう……と思案する毎日。

そのとき、彼の両親が数えきれないほどの本や論文を貸してくださったのです。私は発達障害について夢中で勉強しました。そして、私は知れば知るほど、彼らが生活していく上での困難さを知ったのです。

まず私は、この子は何が得意なのか、何が苦手なのかを知ろうとしました。感情の読み取りが苦手かもしれないと思ったら、嬉しい、悲しいなどいくつもの表情の絵を描いて、今の気持ちの状態の伝え方を教えたり、あるときは気持ちを「晴れ、曇り、雨」で表現して、子どもたちに選んでもらってコンディションを見たり、興味を引くために算数の歌を作ったりもしました。

それと同時に、子どもたちを見ていて、あることに気づきました。発達障害の子どもたちが集中しているときの姿や、自分がやると決めたときの瞬発力には、目を見張るものがありました。

言語障害の子どもは、言葉こそ上手に伝えることはできませんが、自分がこれからやりたいことを伝えている姿や、勉強ができなくて悔しいけれどももっとやりたいと努力する姿を見て、やっぱりこの子たちは面白いなと思ったのです。

えんとかくに来ている子もそうですが、ある種特殊な才能を持っている子もいます。

例えば、ブロックを作っていて、「ここはどこどこのインターです」と報告してくる子がいます。

それは、実在するインターチェンジで、上るところから下りるところまで円が描かれています。インターの所在地を実際に携帯のマップで調べてみると、ほとんど同じ形なのです。しかも愛知県ではなく、行ったことのないような地方のインターなのです。

ほかには、小学校低学年の子が粘土細工で作ってきたものがものすごくリアルで、色を塗ってみると本物とほとんど同じでした。

発達障害の子どもたちには、そういった突出した才能がある子もいます。

そのころから私は、芸術だったり、手先の器用さであったり、発達障害の子どもたちの類稀《たぐいまれ》な才能を何かに活かすことはできないかと考えるようになりました。

それから数か月、私の様々な実践が身を結んだのか、子どもとの信頼関係を築くことができるようになると、「ここは障がいがあっても勉強を見てくれる」という話が口コミで広まりました。その結果、学校生活に不安や困難さを抱える親御さんからの問い合わせが増えていきました。合わせて増えたのが家庭教師の依頼です。他では断られて困っていた方たちの最後の砦《とりで》として私にご依頼いただくケースが多いのも特徴で、全生徒の七割に及びました。その後のお付き合いも、生徒によっては六年以上にわたることもありました。

※4 **発達障害**

発達障害とは、注意欠如の多動性障害（ＡＤＨＤ）、自閉スペクトラム症（ＡＳＤ）、アスペルガー症候群（ＡＳ）、学習障害（ＬＤ）などを含む幅広い概念を指します。感染症や遺伝子の異常による疾患が原因となることもありますが、原因不明の場合がほとんどです。症状に合わせた理解や支援を行うことが重要になります。

第4章

どん底からの脱出――NPO設立へ

≪ スタートは生徒の親御さんからの一本の電話

会社を失くし、離婚をして家族を失くし、これからどうしようかと考えていたとき、今の仕事に繋がる出会いがありました。

以前、家庭教師をしていた発達障害の子どもの親御さんから電話があり、次のようなことを言われました。

「先生のおかげで、私の息子は学校を卒業することができました。でも、これからこの子が安心して過ごしたり、大人になったときに行く場所がありません。先生はそういった場所をご存知ありませんか？　ないなら、そういった場所を作ってもらえませんか？」

この言葉を聞いたとき、私は運命を感じました。私がこれまでやってきたことに対して返ってきた感謝の気持ちとともに、私に求められている仕事。私はやるべきだと思いました。

私が経験してきたすべてのことを活かしてこの仕事をしよう。

そう決意したのです。

このときはもう、私の中では誰かを見返したいという気持ちは微塵もありませんでした。**目の前の困っている人を助けたい、力を貸してほしいと言う人の助けになりたい、**ただそれだけでした。

私に迷いはありませんでした。

二〇一三年春、私は発達障害の啓発活動を始めました。

家庭教師をしていたころから発達障害について勉強をしていましたが、この分野は日進月歩で常に勉強を続ける必要がありました。

私は、発達障害について講演活動などをしている専門の先生や、啓発活動をされている方たちと協力するなどして、発達障害の子どもとの関わり方、国が行っている法律的な制度、取り組み、サービスなどについての勉強会やセミナーを企画・主催しました。

この活動をすることは、私自身にとっても非常に勉強になりました。

特に名古屋を中心とする周辺地域で行っていた勉強会では、これほどにも困っている人がいて、その障がいの特性や子育ての方法を知りたがっている人がたくさんいることを知りました。

私は、**発達障害の子どもの持っている特技や強みを見つけ出し、それを基軸に人生設計をしてあげたり仕事を選んであげたりすることができるのではないか**、ということを訴え続けました。

二〇一二年四月に児童福祉法の改正があり、「放課後等デイサービス」といった支援の事業所は、民間でも設立しやすくなっていました。

施設を作るには法人格が必要だと知り、法人を作ることを目指しました。

法人と言ってもいろいろな種類があります。私たちは社会福祉法人を作りたいと思っていましたが、それには要件も厳しく、現状では不可能でした。

ですから、まずは実績を残し、行政機関との信用を築いてから要件を満たしていき、地域に根付いた福祉サービスを提供していけるように、そして将来は社会福祉法人に移行することを視野に入れ、NPO法人を設立することにしました。

スタートのメンバーは、私と、理事をしている発達障害に詳しい人と、介護経験の資格を持っている人の三人でした。そしてこれらの三人で法人登記を進めました。

最初は場所をどこにするかでした。

私ともう一名の理事が名古屋市の東側に住んでいたこともあり、また先に述べた私に電話をくれた保護者の方も近隣に住んでいたので、近隣地域に作ろうと思い、一つひとつの地区に電話をかけ、同業他社（者）の状況を聞いていきました。

十数カ所の地域に電話をして、最も誠実にご返答いただけたのが、現在、私が拠点としている名古屋市の東隣りの豊明市という地域です。

豊明市では、当時はまだ同業者はほとんどおらず、作ってもらえるのを待ちわびていたという話をお聞きしたので、三名とも同意の上で豊明市に拠点を置くことになりました。

≪課題は山積み！　NPO法人を設立するまで

NPO法人を設立すると決めたものの、課題は山積みでした。

あるのは、「子どもたちが安心して暮らせる場所を作りたい」という想いだけでした。

働いてくれる人は比較的すぐに集まりましたが、法人格も有していない私たちではどこからも相手にされず、融資が受けられないということで、いきなり暗礁に乗り上げてしまいました。

法人格がないので、物件の契約ができない。物件の契約や設備の見積もりがないから融資が通らない。融資が通らないから、準備金や着手金が払えないという悪循環に陥りました。

しかし、待っている人たちのために諦めるわけにはいきません。

私は先輩経営者や知り合いの方に声をかけ、建築士はいないかとひたすら聞いて回りました。その結果、以前お世話になった人が友人の建築士さんを紹介してくださいました。そして見積りを出していただき、「最悪、着手金はあとでいいよ」と、設計をしてくださいました。

私たちは涙を流して喜びました。

この建築士さんのおかげで本当に救われたのです。

ＮＰＯ法人の設立には、申請してから閲覧期間があるため、書類が全部受理されてから三か月ほど待つ必要があります。待っている間にも様々なことがありました。

理事への就任を約束していた人が、家の事情で取りやめると言い出しました。私は慌てました。その間に誰かが辞めてしまうと、法人の資格要件を満たさないので認可が下りません。私は、認可が下り次第変更するので、その間は理事としていてほしいと交渉しました。

書類は、忘れもしない二〇一三年一二月二五日に受理されました。

慌ただしい日々はこれだけで終わりませんでした。

受理されてから一〇日以内に法務局に申請しなければいけません。受理されたのは一二月二五日。翌週の二八日から法務局は冬休みに入ります。私は慌てて登記書類を作り、法務局に行きました。


二〇一四年になり、融資の書類も受理され、設備も少しずつ完成し始めたころ、理事の一人が体調を崩して入院。二月二四日には、私が自動車事故を起こしてしまいました。幸い私にも相手にも怪我はありませんでしたが、車は大破。免許停止になってしまいました。

翌日に無事、融資決定の通知を受け取り、そこから建物の工事が始まりました。

年末年始を挟んでしまったこともあり、完成は三月中旬になりましたが、認可書類も無事受理され、五月に開所が決定しました。

ここに辿り着くまでに、開所するのは無理ではないかと悔し涙を流すこともありましたが、諦めるのはまだ早いと、できることを全力で行いました。

それからは、ただ待つのではもったいないと、地域で発達障害についての啓発セミナーや、支援者向けの知識を持った先生をお呼びして勉強会を開いたり、説明会を兼ねた内覧会を行いました。

≪ 口コミで生徒が増えていく

ようやく特定非営利活動法人えんとかくが設立されました。

あの電話を受けてから実現まで一年余り。

えんとかくを作ることで、自分たちのしたことが子どもたちの成長に繋がっていく。私は大きな責任を胸に、身の引き締まる思いでこの日を迎えました。

私は、NPO法人を作るきっかけをくれた子どもに再び会うことができると思い、懐かしさと嬉しさを噛みしめながら、早速ご家族の方に電話をしました。

私の報告に、ご家族の方も「とうとうできたんですね！　先生、やっぱりやってくれたんですね！」と非常に喜んでくださいました。

そして、記念すべき最初の契約者になっていただきました。

最初の数か月は、大きなトラブルにこそなりませんでしたが、様々なことが起こりました。

役員が一人、方針が違うと辞めていきました。

ほかには、体験で来ていただいたのに、私たち職員の対応が及ばず、お母さんががっかりして帰られたこともありました。

今なら経験とノウハウがあるので、子どもに何かあったとしても、すぐ落ち着くような環境に整えることができますが、当時は実績がない中、うまくいかないこともたくさんありました。

それでも、毎日の生徒との出会いの一つひとつに、大きな学びがありました。

私は、経営者として実力を付けるため、マネージメントの勉強をしたり、いろいろな団体に参加してみました。

また、職員とどう関わっていくかについてもいろいろ考えました。職員が安心して勤務できることを大前提に、職員のスキルアップのための研修や勉強会等、思いつく限りのことをやりました。

ほかで行っている研修に参加するなどして、同業者の人たちに私たちのことを知ってもらう努力もしました。

現場では、自ら自家用車を運転し、児童の送迎を行いました。

豊明市に新しいサービスができたという情報は、少しずつ広がっていきました。紆余曲折はありましたが、三か月目には児童も安定してきました。

毎日様々な出会いがあり、課題もありますが、子どもたちと全力で関わりながら、日々楽しく過ごしています。

第5章

わがままな起業の始め方

――社会起業家になるために

もし、あなたが社会起業をするとしたら、どんな課題をテーマに起業しますか？

ここでは、あなたの身近にある課題について考えていきたいと思います。とはいえ、何を課題に起業すればいいのか、まだわからない人も多いと思います。

ここでは、あなたにしかできない起業をするために、社会課題を見つけるポイントをお伝えします。

≪ あなたの身近にある課題はどんなことですか？

あなたが生活をしていく中で、何か困ったことはありませんか？　もしくは、今まで困ったことはありませんでしたか？

今まで困りごとが一つもなかったという人は、ほとんどいないでしょう。第1章にも書きましたが、**社会課題というのは、人が生きている限り無限に存在しています。**

社会課題を見つけていくポイントとして考えていただきたいことは、次のようなことです。

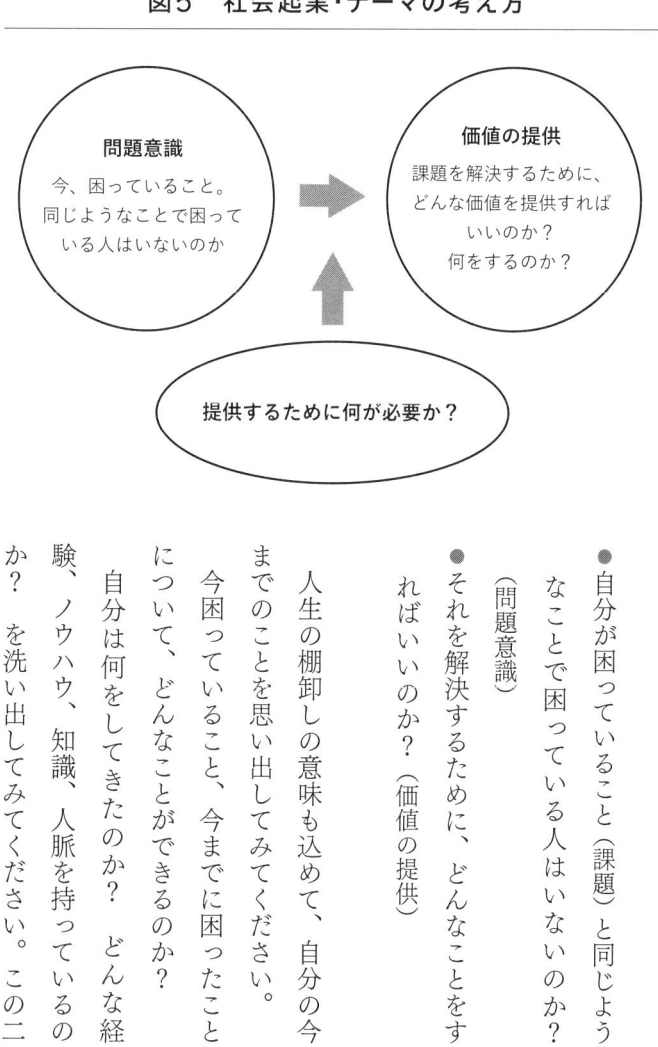

図5　社会起業・テーマの考え方

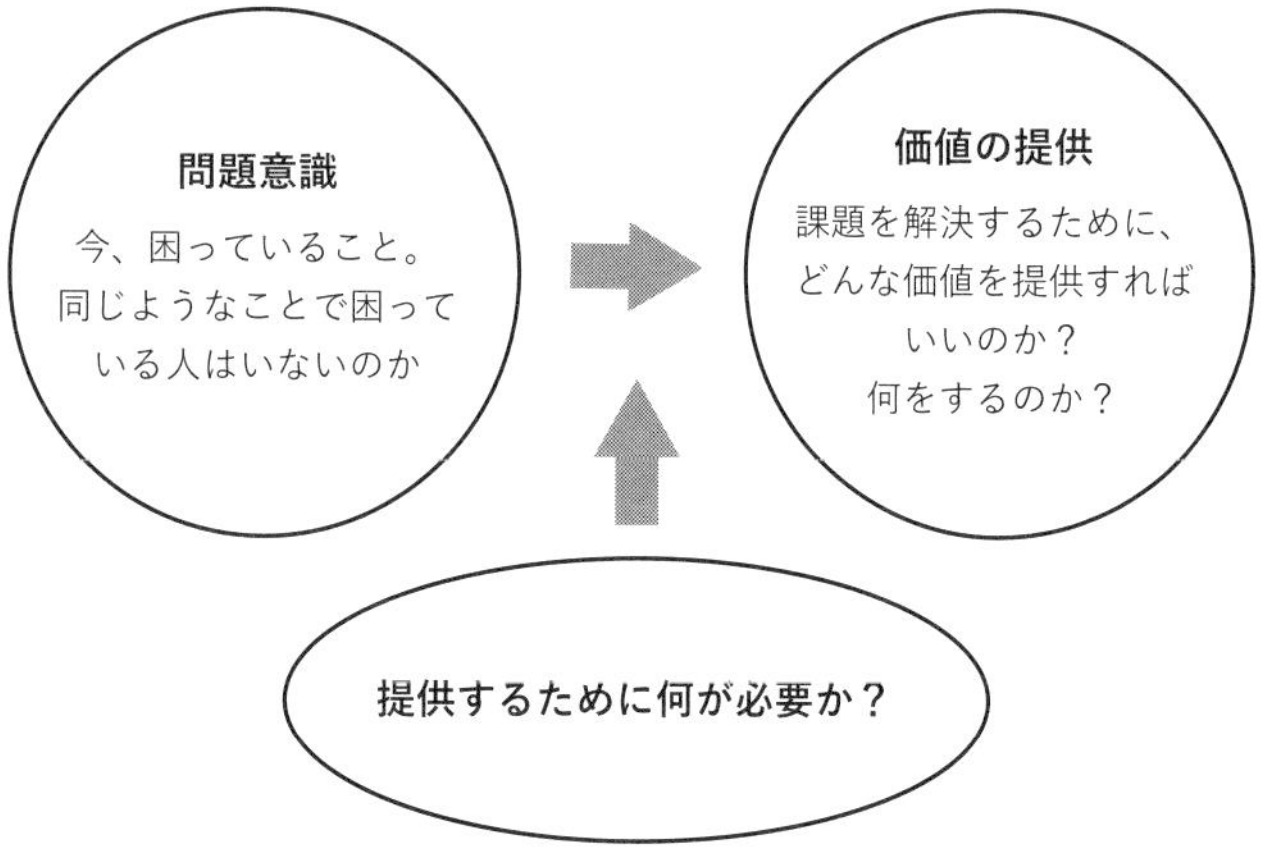

●自分が困っていること（課題）と同じようなことで困っている人はいないのか？（問題意識）

●それを解決するために、どんなことをすればいいのか？（価値の提供）

人生の棚卸しの意味も込めて、自分の今までのことを思い出してみてください。今困っていること、今までに困ったことについて、どんなことができるのか？

自分は何をしてきたのか？　どんな経験、ノウハウ、知識、人脈を持っているのか？　を洗い出してみてください。この二つを明確に思い描くことができれば、あなたが社会起業をしていく上での大きな一歩になります。

たとえ始めるのが自分一人であったとしても、あなたの起業に賛同した人が徐々に協力してくれるような体制になっていけば、いずれそれは理想的な社会起業になっていきます。

課題が見つかれば、どんなことをして社会起業をしていくのか？　その活動についてもう少し具体的に考えてみたいと思います。

◉あなたのテーマは何ですか？

次は、あなたが実際に、これからどんな活動をしていくのかについて考えてみたいと思います。

社会起業のためのアイデアは、無限に出すことができます。一つひとつの課題を解決するにも様々な方法があります。

テーマ1 不登校

例えば、不登校の問題を解決しようとします。まず、なぜ不登校が起きるのかを考えてみましょう。

- いじめが原因
- 家庭環境が原因
- 発達障害が原因
- 授業についていけないことが原因
- 無気力が原因
- 非行化が原因
- 精神的な未熟さが原因

……

少し考えただけでも原因は複数考えられます。これらすべてに対して、考えられる改善手段があります。

私も不登校の施設を経営していますが、原因が一つということはまずありません。

仮にいじめが原因であれば、フリースクールを作るという方法がありますし、カウンセリングを行い、心のケアをするという方法もあります。

家庭環境が原因であれば、保護者教育を行うという方法もあるでしょう。

そのためには、セミナーを企画したり、自分自身が講師となって各地を回るという方法もあります。

発達障害が原因であれば、支援施設を設立することもできますし、支援員になって学校に入り、先生のサポートをするといった方法もあります。

このように、様々な形で対処することができます。

テーマ2 貧困対策

次に、貧困対策を考えてみましょう。

図6　テーマをもとにした考え方

○○という課題（テーマ）	原因 1	解決策 1
		解決策 2
	原因 2	解決策 3
		解決策 4
	原因 3	解決策 5
		解決策 6

●家庭環境が原因
●仕事が見つからないことが原因
●仕事が続かないことが原因
●知識不足が原因
●他者（行政を含む）への依存が原因
●病気が原因
……

一つひとつ考えていくと、家庭環境であれば教育支援や、子ども食堂といった孤食防止の対策方法もあります。

仕事が見つからないことが原因であれば、仕事支援の塾を開くなどといった方法もあります。

これらには、助成金など行政が支援している場合もあるので、かなり小さなリスクで起業できます。

知識不足であれば、知識を補うためのサービスを考えることができます。

例えば、ファイナンシャル・プランナーなどの資格を取って、お金の知識について勉強をする側になってもいいですし、あるいはチームで勉強会を開くなども一つの方法です。

二つのテーマを例に挙げましたが、解決したいというテーマを考えて何が課題かを視覚化していきましょう。

○○という課題がある↓□□という原因がある↓△△という方法で解決できないか？と出していきます（101ページの図6参照）。

解決方法は必ずしも一つではありません。また必ずしもそのアイデアがすべての人に対応できるとは限りません。だから多くのことを考えて実践する必要があります。

◉経験を活かして自分にしかできない社会起業を

社会起業は、個人の経験が大きく左右する事業です。

自分が体験した様々な課題をどうしても解決したいという強い想いが、社会起業には必要なのです。

私は一時期不登校でした。勉強も大嫌いでした。

だからこそ、自分が悩んだ経験を活かして家庭教師になろうと思い、教育の仕事に関わったのですが、思えばそれが最初の社会起業でした。

お金持ちになりたいと思って始めた事業で失敗しましたが、仕事に対する考え方の前提が間違っていたことを、その経験が気づかせてくれました。

人のためにどうしたらいいかと思いながらやるうちに、世の中にあるヒントをどんどん取り入れていけるようになりました。

社会起業の原点は経験にあります。だから事業でトラブルが起きても踏ん張りがきくのです。

本気で解決したいという過去の原体験をポジティブにとらえ、それを事業にしていきます。少しずつ経験を積むうちに、過去の自分にはできなかったことが、着実にできるようになります。

意識して、**「仮説を立てて実証する」を繰り返すことが重要**です。今までの経験で何が活きるかはわかりません。

「もしこうだったら」「もしこうしていたら」という想いを実現させてください。

その想いは経験した人にしかわかりません。

それをビジネスに結び付けるのが社会起業です。自分にしかできないサービスを作り上げましょう。

◉課題のどこにフォーカスするかでさらに明確に

困っている人のどこにフォーカスするのかで、さらに課題を明確にしましょう。

例えば、発達障害支援という課題の場合、子どもにフォーカスするのか、お母さんにフォーカスするのか、それ以外にフォーカスするのか……。

あなたはどこにフォーカスするでしょうか？

発達障害の子どもを持つお母さんにフォーカスするのであれば、お母さんが輝くことができるような支援をする――例えば、お母さんたちの療育支援の方法を伝えるセミナーや体験会を開いたり、心身が疲れているお母さんが綺麗になるようなサービスを提供してみたり、子どもに有用な知育用品の開発をしてみたり、障がいの有無に関係なく関わることができるイベントを開催してみたりなど、数多くのことが考えられます。

子どもにフォーカスするのであれば、不登校なら不登校支援、発達障害ならその支援、単純に子どもの才能を見つけるというなら、キャンプに連れて行ったり留学させるのもいいでしょう。

このように、**どこにフォーカスするのかで課題がさらに明確になり、取るべき方**

法や行動も大きく変わってくるでしょう。

◉自分の経験値やスキルで変わることも

運営する側の経験値やスキルで、活動内容が変わってくることもあります。

私の場合は、今まで不登校の支援にフォーカスしていましたが、経験値やスキルが変わったことで、地域全体への支援ができるようになりました。

不登校が課題であるということは、以前より聞いていました。

私たちが早い段階から不登校支援の場所を作って運営していくうちに、あそこは不登校の支援もやっているということが行政や支援団体の耳に入り、結果的に地域と話ができるようになりました。

今では、他地域に行って話をしたり、他団体と協力し合って不登校の支援をすることもあります。

このように、不登校の例を取ってみても、アプローチする側の立場が変われば、アプローチの方法も変わってきます。

社会起業もずっと同じことをやっていくわけではありません。

自分の環境や立ち位置が変われば、より多くの視点から効果的にアプローチをかけることができるようになっていきます。

◉事業自体がある程度、目標段階まで達成した場合は

社会起業をやっている以上、その事業がある程度目標段階まで達成すると、その事業は終結に向かいます。

終結に向かうということは、社会課題が解決に近づいているということになります。

その場合は分離させるか、視点は変えずに次の課題に向かうこともあります。

カンボジアのNPO団体「かものはしプロジェクト」は、二〇〇二年に日本人の学生によって、カンボジアの幼い子どもの人身売買の防止を目的に創立されました。働く子ども

たちが家族のためだと騙されて、わずか二万円で売られてしまう社会課題を解決するため、最貧困家庭の暮らしを守るコミュニティファクトリー事業や孤児院支援、警察支援を通して「子どもが売られてしまう問題」の解決の道筋を作る活動や、カンボジアが経済発展するような取り組みを続けていました。

そして、カンボジアの国が発展するにつれ、人身売買の問題が縮小したため、二〇一八年に「かものはしプロジェクト」としてはカンボジアでの活動を終了させ、インドでの活動を続けています。そしてカンボジアの事業は「かものはしプロジェクト」から独立し、現在はNPO法人SALASUSUとして、貧困層の女性たちが働く意識を向上させるための人作りを、同名のエシカルファッションブランドや、教育事業を通じて行っています。

私たちも、豊明市で地域の居場所作りをしたいということで、障がい者の居場所サロンを作っていました。三年経ち、障がい者の居場所ができ、その周知ができたということで、維持する団体だけを残し、スタートアップメンバーは今年で解散することになりました。

このように、**一つの課題が解決することで、課題自体が終了したり、次の課題へシフトしたりすることもあります。**

社会起業をする上で大事なこと

①ビジョンを明確にすること

社会起業をする上で大事なことって何でしょうか？　私の今までの経験から大事だと思うことをお伝えします。

まず一つが、何のために社会起業をやり続けるのか？　やり続けた先に、どんなビジョンがあるのか？　その**ビジョンを明確にしていくこと**です。

ビジョンがなく、ただただ利益を維持していくだけというのでは、いつか疲れてしまいます。

会社も同じです。

「あなたは、ずっとこのままでいいよ」という会社に勤めたいという人は、はたしているでしょうか？

例えば、同族経営の企業で、次期社長は社長の息子と決まっていて、好きなように働いていいよという企業に、人は喜んで入社するでしょうか？

働く以上は、どんな人にも「誰かの役に立ちたい」「必要だと言ってもらいたい」という気持ちがあります。

だからこそ、**一緒に働いている人がその会社に勤めることで夢を描けるような環境を作ってあげること**が、社会起業をする上で大事なことではないでしょうか。

私が運営するえんとかくも、いじめ・差別・偏見・虐待をなくすためにどうしていくのか？　ということを認識することで、一つのモデルを作りたいと考えています。

障がいというのはいじめの原因にもなります。

図7　ビジョンのある未来

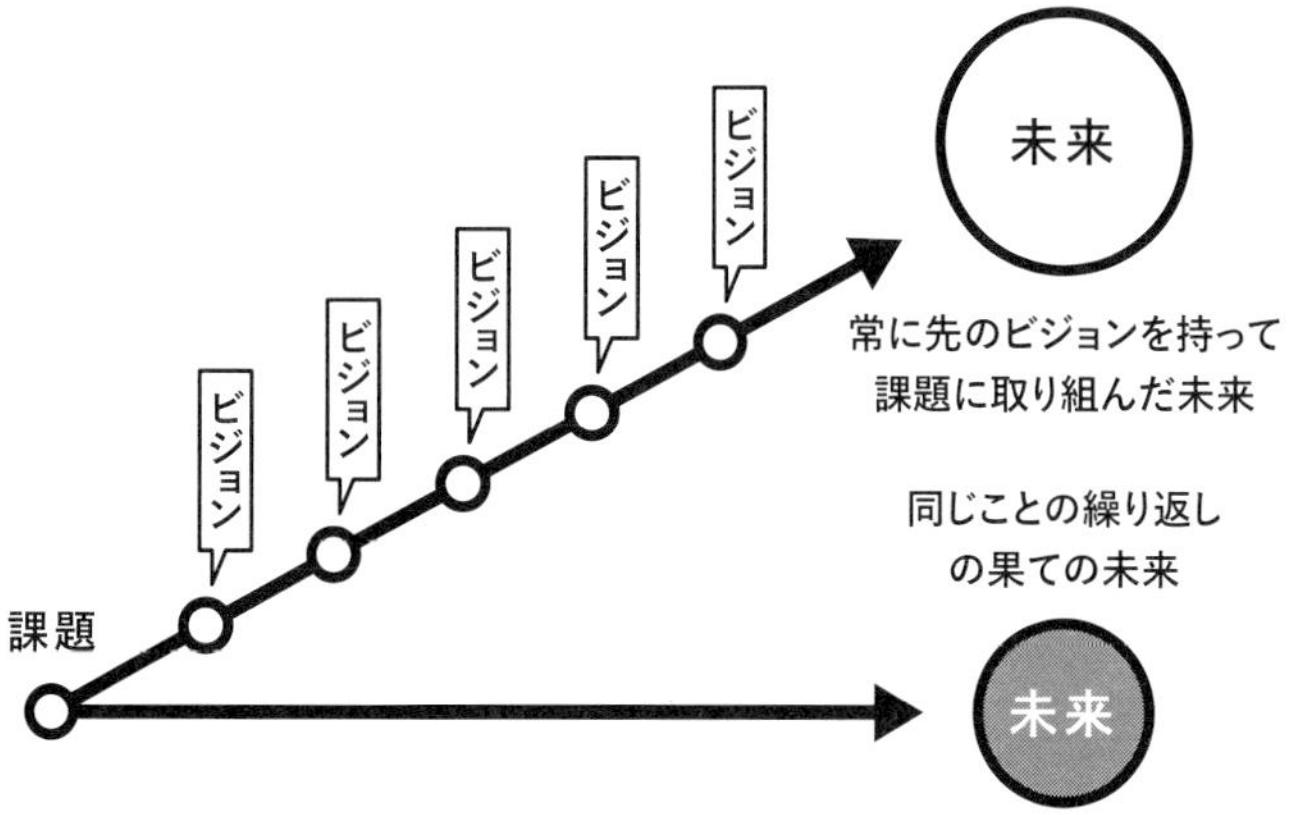

しかし、障がいの実態を知ってもらうことで偏見がなくなり、いじめがなくなる可能性もあります。そのために、共生社会に向けた取り組みを地域に対してずっと行っています。

例えば、ヘルプマーク促進に向けた講演やパネルディスカッション、愛知県の委託を受けての障害者差別解消法の理解促進、どのような困難さを持っているかの理解を深める体験会、保護者サロンの運営サポートなどを行っています。

ですから私も、これが解決した先にどんな未来が待っているのか？　ということを常に思い描き続けています。

ずっと同じことをやっていても意味がありません。いつかは解決させるために動いているということを忘れてはいけないのです。

たとえそれが途方もないビジョンであったとしても、いつかは解決させるために、今は何をすべきかを考える。

それが解決した先には、次の課題やより広い展開が待っているはずです。ビジョンを明確にすることは、何より大事なことになります。

◉情報を正しくとらえ、活かす

現代は情報社会です。

社会起業を実現させるために、多くの情報の中から必要な情報だけを取り入れ、活かしていく必要があります。

情報の質は三つに分けられると言われています。

まず一次情報というのは、現地や当事者がやっていることです。本人が実際に体験して得た情報もこれに当たります。次に情報がどこか別の場所に保管されていて、広報や地域に流れるのが二次情報。インターネットや本は三次情報になります。

同じことでも、一次情報から三次情報へと移っていく間に大きく変質していきます。

私は、社会起業においても、この**三つの情報をいかに活かすかが重要**だと思っています。

例えば、私が取り組んだ障害者差別解消法についてですが、国が制定した法律に基づき内閣府が発表している情報や広報資料が一次情報になります。

そして、それを受けて新聞などのメディアが紹介する情報が二次情報、さらに、それを受けてSNSで広がる情報が三次情報になります。

あくまでも例としてとらえていただきたいのですが、一次情報では、障害者差別解消法において合理的配慮をするよう、公共機関には義務、民間企業には努力義務を課していますが、特に罰則はありません。

一次情報における合理的配慮とは、障がいがある場合において、経済活動を妨げない範囲で配慮をする必要があるということです。これが二次情報においては、すべての企業においてスロープや段差を緩和させる必要があるとなり、それを受けて三次情報では、合理的配慮が実践されない企業には罰則があるというように情報が拡散してしまう恐れがあります。

三次情報しか受け取れない状況で仕事をしていると、このデマに近い情報で右往左往して、本業に支障をきたしてしまうというリスクがあると考えます。

一次情報を知っているのと知らないのとでは、体制としてまったく違うものになります。どんな業界でもそうですが、迅速で積極的な事業展開をするために、一次情報に近いところに身を置くべきです。

②夢を言い続けること

夢を言い続けることの大切さ

私は
こんなふうに
なりたい
こんな夢を
持っている
こんなことを
実現させたい

夢を言い続けるということも非常に重要です。

私はこんなふうになりたい、こんな夢を持っている、こんなことを実現させたいというようなことは、必ず口にしておくべきです。

私たちは立ち上げた当初からずっと、

●いじめ・差別・偏見・虐待をなくすために支援をすること

●社会福祉法人を目指すこと

この二つを言い続けています。

当初、てかぽの一つ目を作ることを行政に伝えたときは、あなたはどこの誰？　本当にできるの？　と、反応は決してよいものではありませんでした。

それから数か月後、豊明市で他業種からの参入では初めての施設を作り、今まで他地域まで行っていた豊明市の子どもたちがこの施設に通うことができるようになったことから、児童が一気に増えていきました。

ですから、それがどんなに突飛なことでも、信じて言い続けることが大切です。何年か越しにでもそれが一歩一歩進んでいくのを見れば、「この人ずっと言っとるわ」と本当にそれに向かっていくんだと周りも理解して、応援してくれるようになります。はじめは誰も味方がいなかったとしても、やがて風向きが変わるときが来るのです。最近では私たちも、逆に何かあるたびに協力してくれと言われるようになりました。最初は「どこの馬の骨ともわからない」だったのが……信じられないことです。

そして、私のもう一つの夢は、ＮＰＯ法人を社会福祉法人にすることです。

社会福祉法人となり、地域に根差して地域の人たちに必要なサービスを実施し、より多くの人たちの心のよりどころになれればと思います。

社会福祉法人は、福祉事業をする上で最高の信用を得ることができます。そのぶん監査など外部の目が厳しくはなりますが、そこで働く職員もより良い環境を提供して、質の高いサービスを実践していけたらと思っています。

私は松下幸之助氏の「企業は人なり」という言葉が大好きです。

組織体において、人をないがしろにしていては何も生み出せません。

私は常日ごろから職員に言っていますが、子どもたちの可能性を引き出すこの仕事をする職員全員が、自分の可能性を信じて挑戦してほしいと願っています。

≪ まず始めてみることが大切

何をしていいかわからない人は、どんな小さいことでも構わないので、とにかくスタートを切ってください。

これが解決したら社会はきっと良くなると思った初心を忘れず、**思いついたことをいろいろとやってみることです。**実際にやってみることでしか自分の実力はわかりませんから、今の自分と理想像とのギャップを埋めていく作業をしてください。

今は副業というものが当たり前の時代になりました。夜中に数時間やってみるなど、一日のうち一時間でもそのための時間を作って、実際に動いてみてください。

また理想に近づくために特に重要なのは、「直接聞く」ことです。

ビジネス書にもメンターを見つけるということが書かれていますが、**先輩の経営者、先生などに会って直接話を聞くことは、非常に価値があります。**

私は学生のころは、先輩経営者によく話を聞きに行きました。逆に最近では新聞に載ることもあるので、知人の紹介で相談を持ちかけられることもあります。

もし、この本を読んで社会起業に興味を持っていただけて、起業について悩みがあるという人は、私のところへ来ていただいても結構です。

会ってお話しすることで、自分の思いや伝えたい社会起業が明確になることもありますので、何かしら力をお貸しできると思います。

≪ 才能の見つけ方・伸ばし方

才能と言うと特別なことのように聞こえるかもしれませんが、ここでは得意なことも含めてお話をします。

私が考える**才能=得意なことというのは、モチベーションを上げなくてもできるようなこと**です。気がついたら自然とやっているようなことだと考えてください。

ほかの人から見たら大変そうなことでも、楽しみながらできたこと。汗水たらして何時間もかけてやるようなことを、涼しい顔をして終わらせたこと。そんな経験ってありませんか？

私は、モチベーションを上げなくても楽しめたことが得意なことだと考えます。

しかし、自分は何が得意で何が苦手なのかわからないという人もいると思います。そんな人は、やはり質より量。ひたすら行動することをお勧めします。得意・不得意は経験しないと見つけようがありません。

私は長年の経験から、深く考えるのは少し苦手なようです。試行錯誤してやった結果がうまくいったということがあまりありません。

逆に人に教えたりすることは、どんなに疲れていても楽しいと感じますし、人と話している中でアイデアが生まれることもあります。

しかし、今の教育においては、得意なことを見つけにくい傾向にあります。それは、学校での判断基準が勉強か運動かのどちらかになっているからです。

本来であれば、勉強や運動以外にも、音感やコミュニケーションなどたくさんあると思うのですが、やはり現代の判断基準は、ほとんど学校の成績に置かれています。多様化した社会と言いながら、学力が評価の主軸になり、学校の成績が少し悪かっただけで、普通の子どもよりできないと感じてしまうことがあるなら、それは非常に残念なことです。

脳科学の世界の話ですが、使わない才能というのは、どんどん退化してしまいます。逆に底上げしようとすると長所が消えてしまいます。

発達障害の子どもたちは、得意・不得意がものすごく明確で、抜群の音楽センスを持っているけれど、算数はまったくできないという子どももいます。

そういう場合、算数の勉強時間を増やして成績を少し伸ばしてあげても、せっかく人より秀でていた音楽の才能が凡夫化してしまうのです。自分しか持っていない才能がしぼんでしまっては、少しもったいないことだと思いませんか？

ですから、得意なことが見つかったら、どんどんやって、どんどん伸ばしてあげるようにしてください。

≪ 事業を行う上で重要な三つのポイント

起業したからには、できるだけ早くビジネスとして確立させたいですよね。

そこで、社会起業として事業をする際に重要な三つのポイントを挙げてみます。

①これを解決するという目的のためにどんな方法があるのかを考える

まず、これから行う社会起業について、明確にしなければいけないことがあります。次の三点を明確にすることが、事業を続けるための原動力になります。

〈誰のためにやるのか？〉

社会起業を始めるにあたって、**誰のためにやるかということは一番大きい部分になります。**自分のためにでもいいのですが、それだと営利を求めることと一緒になってしまいます。

支援者が困っている、看護者が困っている、親戚が困っているなど、いろいろな人の課題を目にすると思うので、実際にアプローチするのが誰なのかということを明確にしてください。

「困っているはずだから」で行うのではなく、「この人が困っているからこの仕事はやる価値がある」というところを意識する必要があります。

〈何のためにやるのか？〉

これは、起業する本人が事業主体となり、社会課題をどうしても自分自身が解決したいという「強烈な原体験を持っているかどうか」という点に繋がっています。

社会の在り方に深い矛盾を感じた体験、その矛盾の中で苦しんでいる人々から深い共感を覚えた経験など、それらがビジネスに取り組むきっかけとなっていることや、どんな苦しい状態でもやり続ける理由がトップにあることが社会起業というものです。

ただやるというのではなく、これをやることで不登校がなくなる、障がいのある子どもが住みやすくなるなど、いろいろな動機があると思います。**何のためにやるかというところで、課題に対して士気を高めて活動を続けて**いただきたいと思います。

〈実現したとき社会がどう変化するか？〉

ビジョンについては、自分が描くビジョンと社会が描くビジョンの二種類があります。自分が描いたビジョンが実現したときに社会がどう変わるのかというイメージを抱くためには、この仕事をするのはこれを叶えるためだという明確なゴールが必要になってきます。そこで、自分の仕事を通して社会がどう変わっていくのか、どんなふうに社会が良くなっていくのかという意識を持つ必要があります。

どう変化するのかを描いていない、ただただ業務をこなすだけという先が見えない状態でビジネスをしているようでは、みんなが疲れてしまいます。

前にも書きましたが、どんな人にも、働く以上は役に立ちたい、必要だと言ってもらいたいという気持ちがあります。だからこそ、一緒に働いている人がその会社に勤めることで夢を描けるような環境を作ってあげることが大事であり、どう変化するかを伝え続けていれば、必ずあなたの社会起業は実現するでしょう。

②一日でも早く始める

前にも述べたように、一日でも早く始めてください。まずはスタートを切ってください。最初から一〇〇%の完成度を目指すのではなく、一日でも早くチャレンジすることが大切です。初めての試みですべてができる人はいません。どうせできないことの方が多いのですから、スピードを持ってスタートしてください。

早く始めることが大切な理由として、**一つでも多く失敗を重ねることのメリット**があります。私もそうだったように、**失敗すればそこには必ず学びがあり、はじめにたくさん失敗しておけば、学ぶことで失敗しにくくなります。**

失敗をすれば、多かれ少なかれ落ち込みます。でも失敗で死ぬことはありません。小さな失敗であれば、モチベーションを元に戻すのにも時間がかかりませんし、やり直すことだってできます。

逆に、挫折を味わうほどの大きな失敗になると、元に戻すのにかなりの時間や労力がかかります。

お金の話をするなら、一万円レベルの失敗と一〇〇〇万円レベルの失敗と、どちらがいいですか？

大きな失敗で挫折しないためにも、一日でも早く始めることをお勧めします。

③本を真似しない

私は本が大好きです。父が読書家だったためか、家にはたくさんの本があり、いつのころからか本をたくさん読むようになりました。

特に小説が大好きで、小さいころは小説の中に自分を投影して空想にふけっていました。

本に囲まれると安心するのです。

活字中毒という言葉がありますが、まさに活字を見ないと気持ちが悪いと思うほど本を買い漁り、八畳間の自室の入り口から布団があるところまで、歩くスペース以外は本で埋め尽くされたこともあります。

起業した際も、成功した経営者がこれをやっていたと本に書かれていたことを全部真似してみました。

奇抜な名刺、白いスーツ、光るモノを身に着けたこともありました。

しかし、結果、どれ一つ成功したものはありません。

これをこうしたから成功したということを、すべて同じようにやってみても、やはり違ったのです。

今言えることは、本は一部だということです。

そもそも年齢、性別、生きてきた環境、社会情勢、見えないところでやっている努力等、違うことはごまんとありますから、その人と同じようには絶対にできません。

大事なのはTPOに沿うことであって、情報の通りにすることではないのです。

例えば、「笑顔が大切ですよ」と書いてあって、そのように理解したとしても、実際に笑顔でいなければ、本当の意味はわかりません。

それに、書いてある通りにできずにストレスを抱えて自尊心を傷つけるくらいなら、しない方がましです。

起業家になって、人の心をつかむために何より大切なのは、自分が実際に経験したこと、体験したこと、その人の唯一無二の人生・生き方です。

誰の真似でもないあなたの経験や思いしかないのです。

起業をするための「生きた」お金の作り方と使い方

起業をする上で不安なことの一つに、お金の問題があります。

ただ、お金を作ると言っても、様々なお金の稼ぎ方があります。私は**何をして稼ぐのかというところが非常に重要**だと思っています。

起業するためにお金を作るときは、やはり目的に沿ったお金の稼ぎ方をしてください。

例えば、一〇〇万円を作ろうというとき、コンビニバイトを掛け持ちしてお金を稼ぐということはあまりお勧めしません。

起業をするなら、実現させたい社会起業の学びになるような仕事をして、お金を稼いでほしいのです。

例えば、人に何かを教える家庭教師もいいですし、NPOでアルバイトをすることもお勧めです。

そうすることで、運営の学びにもなりますし、様々なポジションやいろいろなことを体験することができます。

私も二一歳で起業し、本業で生活できないときは、コンビニでアルバイトもしました。

しかし、朝の早い時間に数時間働くだけで、決してフルタイムで働くことはしませんでした。

確かにフルタイムで働けば、まとまったお金にはなります。

でも、そこでぶれてはいけないのです。**起業というのは、自分の思い描くものに、大切な時間をどこまで費やせるかということが重要なのです。**

もちろん自分の思い描くもので食べられるようになるかどうかは不確実だし、どんなに時間を費やしても、うまくいかないことだってあります。

お金についての感覚も、求める生活も人それぞれです。

ですが、社会起業をすることで生きていくと決めたなら、その**目的に沿ったお金の稼ぎ方をしてください。**

そうすることが、思い描く起業への一番の近道になります。

次にお金の使い方です。

自分の生活でいっぱいいっぱいの人もいるかもしれません。ですから、何がダメ、こんなお金の使い方はいけないということはないと思います。

図8　恩送り

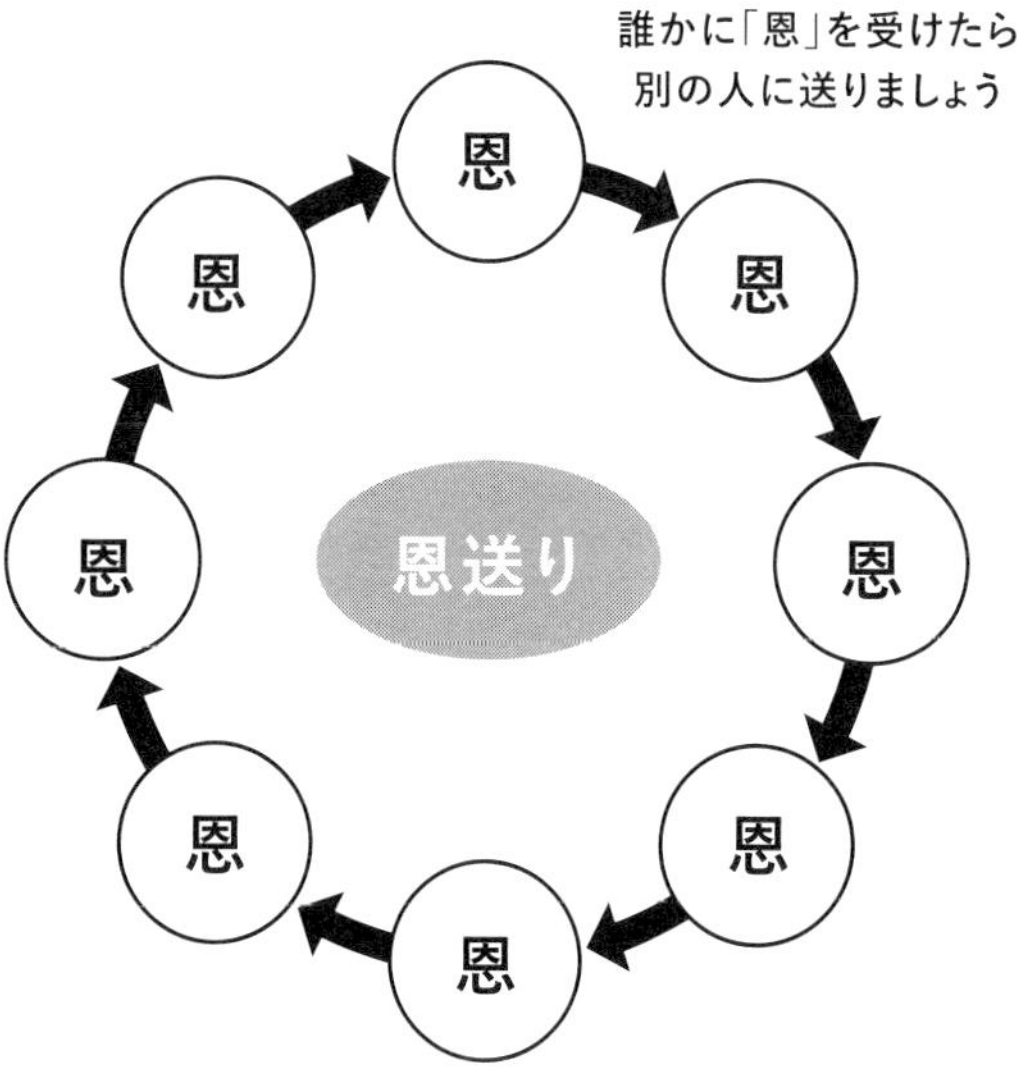

そんな中、誰かから受けた「恩」を、自分は別の人に送り、その送られた人もさらに別の人に送る。そうして「恩」が世の中をぐるぐる回っていくことを「恩送り」と言います（図8）。

私はそんなお金の使い方をしたいと思っています。

例えば、仕事であれば研修費用をけちったりせずに、学びたいという人には、研修の場を提供するためにお金を使ったり、ねぎらうという意味で食事会を設けたり……。

「恩」を送るように、相手が喜ぶようなお金の使い方をしていきたいです。

第6章

わがままな起業で世界を変えていく

≪えんとかく、これからの展望

ありがたいことに、えんとかくの事業もそれなりに安定し、私たちの活動を知っている人も増えてきました。

これも、今まで私たちを支えてくださった地域の方々のおかげだと思っています。

これからも、毎年恒例のイベントはもちろんのこと、もっと周りの人たちが楽しめるようなイベントを企画・開催していきたいと思っています。

これからのえんとかくについて、私が考えていることは、施設内にいる子どもたちに対し、さらに良い支援を行っていくことです。

特に取り組んでいきたいのは商品開発です。

子どもたちが日常生活において、気分良く遊べて楽しめるような感覚グッズを作っていきたいと考えています。

高額で専門的なものではなく、誰もが手に入るような価格で、子どもたちが喜んでくれるような商品が開発できたらと思っています。

また、職員の能力向上のための勉強会・研修を、今まで以上に開催したいと考えています。

もちろん精査はしますが、職員に対してやる気をそぐようなことはしたくありません。自発的にやってみたいという気持ちを大切にし、職員が挑戦できるような環境を作っていきたいと思っています。

だからこそ私は職員一人ひとりのチャレンジを応援しています。児童のため、地域のために、やりたいことがあるなら、その職員の挑戦をしっかりバックアップできるように心がけています。

そうすると自然とやる気のある職員が残り、活発に提案や行動をしてくれるようになりますし、結果、法人は成長していきます。

これからも、「いじめ・差別・偏見・虐待のない社会の実現」を理念に、えんとかくは少しずつ前進していきたいと思っています。

社会起業のこれから先

昨今では、後継者不在で、今までのようには事業が継続できなくなってきているという話を聞くこともあります。

経営者が高齢化し、後継者がいないとき、世の中のためにしているサービスであるなら残していく必要があります。しかし、続けることができなかったり、もしくは、その仕事をやりたがらない人もいます。

昔は、自分の家は○○屋さんだからというだけで、事業を継続してきました。

しかし、起業する理由がしっかりと定まっていないと、今の時代は生き残ることが容易ではありません。ましてや、私が最初起業したときのような一発逆転したいからという理由などでは、事業を継続していくことは不可能です。

図9　社会起業という仕事がどんどん増えていく未来

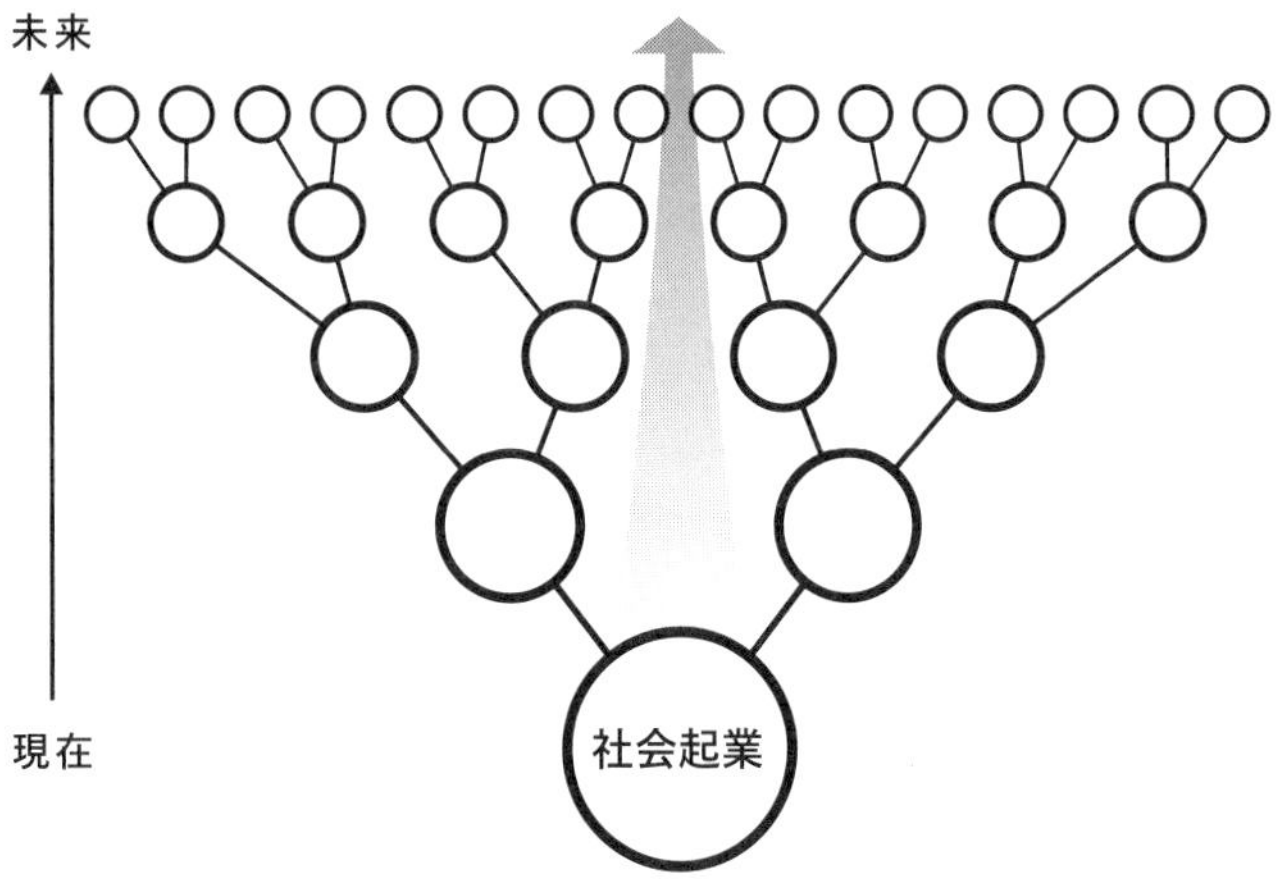

もちろん利益を追求することは必要です。

しかしもう、モノは十分にあります。単純にモノを作って売れる時代ではありません。

また、これからどんどんAIが台頭してきます。あと数年したら、AIは人間の脳を超えるとさえ言われています。そうなると、いったい私たち人間ができることは何なのでしょうか。

そうなっていくと重要なのは、想像力や人の心です。

社会起業は、この人が困っているか

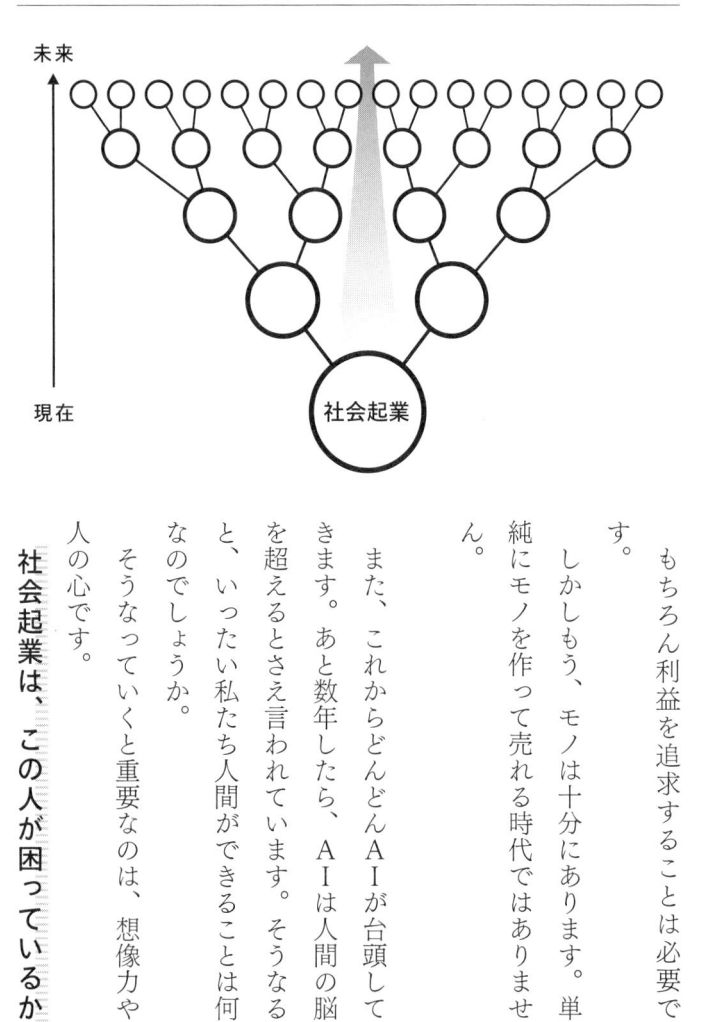

ら、この人が解決してほしいと思っているからと、やる理由がしっかりあれば続けることができる仕事です。

もし、サービスが明確であるのなら、それを続けていく原体験があるのなら、社会起業という仕事は今後どんどん増えていくと思います。

世界の今後の社会課題

現代社会では、**持続可能な開発目標としてSDGsが掲げられています。**

SDGsとは、二〇〇一年に策定されたミレニアム開発目標（MDGs）の後継として、二〇一五年九月に国連サミットで採択された「持続可能な開発のための二〇三〇アジェンダ」に記載された二〇一六年から二〇三〇年までの国際目標です（図10）。

まさに、ここに記載された一七の目標が、私は社会起業として解決すべき課題だと思っています。

図10　SDGs ──世界を変えるための17の目標──

1. 貧困をなくそう

あらゆる場所で、あらゆる形態の貧困に終止符を打つ。

2. 飢餓をゼロに

飢餓に終止符を打ち、食料の安定確保と栄養状態の改善を達成するとともに、持続可能な農業を推進する。

3. すべての人に健康と福祉を

あらゆる年齢のすべての人の健康的な生活を確保し、福祉を推進する。

4. 質の高い教育をみんなに

すべての人に包摂的かつ公平で質の高い教育を提供し、生涯学習の機会を促進する。

5. ジェンダー平等を実現しよう

ジェンダーの平等を達成し、すべての女性と女児のエンパワーメントを図る。

6. 安全な水とトイレを世界中に

すべての人に水と衛生へのアクセスと持続可能な管理を確保する。

7. エネルギーをみんなに　そしてクリーンに

すべての人々に手ごろで信頼でき、持続可能かつ近代的なエネルギーへのアクセスを確保する。

8. 働きがいも経済成長も

すべての人のための持続的、包摂的かつ持続可能な経済成長、生産的な完全雇用およびディーセント・ワーク（働きがいのある人間らしい仕事）を推進する。

9. 産業と技術革新の基盤を作ろう

強靭なインフラを整備し、包摂的で持続可能な産業化を推進するとともに、技術革新の拡大を図る。

10. 人や国の不平等をなくそう

国内および国家間の格差を是正する。

11. 住み続けられるまちづくりを

都市と人間の居住地を包摂的、安全、強靭かつ持続可能にする。

12. つくる責任　つかう責任

持続可能な消費と生産のパターンを確保する。

13. 気候変動に具体的な対策を

気候変動とその影響に立ち向かうため、緊急対策を取る。

14. 海の豊かさを守ろう

海洋と海洋資源を持続可能な開発に向けて保全し、持続可能な形で利用する。

15. 陸の豊かさも守ろう

陸上生態系の保護、回復および持続可能な利用の推進、森林の持続可能な管理、砂漠化への対処、土地劣化の阻止および逆転、ならびに生物多様性損失の阻止を図る。

16. 平和と公正をすべての人に

持続可能な開発に向けて平和で包摂的な社会を推進し、すべての人に司法へのアクセスを提供するとともに、あらゆるレベルにおいて効果的で責任ある包摂的な制度を構築する。

17. パートナーシップで目標を達成しよう

持続可能な開発に向けて実施手段を強化し、グローバル・パートナーシップを活性化する。

上記はあくまでも目標であり、この下には一六九のターゲットがあります。

例えば、「3. すべての人に健康と福祉を」という目標には、二〇三〇年までに世界の妊産婦の死亡率を、出生一〇万人当たり七〇人未満に削減する、というターゲットがあります。

どうしたらこのターゲットを達成できるのか？　それを考えることで事業計画を立てることも大きな社会起業の一歩とし、そこからヒントを得るのもいいのではないかと思います。

特定非営利活動法人えんとかくでは、

3. すべての人に健康と福祉を
4. 質の高い教育をみんなに
10. 人や国の不平等をなくそう
16. 平和と公正をすべての人に
17. パートナーシップで目標を達成しよう

の五つをテーマとして、二〇一八年度より事業構築をするようになりました。

SDGsは着々と認知されてきています。特に社会起業においては、このSDGsを活かした事業展開を意識する人も増えてきました。

私たちえんとかくでも二〇二〇年より、他事業者とパートナーシップを組み、障がい者の最低賃金向上となるような付加価値の高い製品の開発販売をスタートさせました。ジビエレザーを活用した本革製品の販売で、現在「Entokaku」というブランドで販売しています。

通常廃棄されてしまう獣害対策（農作物を守る）で狩られた鹿の皮（ジビエレザー）を有効活用できないか、そんな想いで活動されていた株式会社 fairy god mom とコラボして始まった新事業です。

SDGsがジョイントになり、互いが考える社会課題を解決させようと始まりました。この製品は豊明市のふるさと納税の返礼品になったり、各新聞社にも取り上げていただき、社会起業としてもSDGsの取り組みとしても注目を集めています。

SDGsとしては、「8. 働きがいも経済成長も」「11. 住み続けられるまちづくりを」「12. つくる責任 つかう責任」「15. 陸の豊かさも守ろう」「17. パートナーシップで目標を達成しよう」の五つのゴール達成を目指しています。

必ずしも一法人ですべてを解決できるとは限りません。しかし、**自身が目指す目標も他者（社）と連携することで大きな変革となることは十分あり得ます。**

いきなりたくさんのことができるようにはなりませんが、必要に応じて各テーマの事業を展開することができるようになると、より良い社会の実現や社会課題の解決がなされていくと私は思います。

第7章

あなたの社会起業はうまくいく!?

社会起業準備シート

あなたが描く社会起業のイメージは固まってきましたか？　この章では社会起業をするために必要な、自分自身の事業テーマのまとめ方についてお伝えします。

1　解決したい問題の明確化

どんな仕事でも想いが明確にならなければ実現はあり得ません。まず、しっかりと考えなければいけないことは、あなたは**どんな社会課題を解決したいのかを明確にすること**です。

ここが最も重要です。あなただからこそできることがあるのです。前にも述べましたが、社会課題は無限にあります。

最初に、自分が解決したいと思っている社会課題について詳しく調べてみてください。「その課題は地域だけのものなのか？」「日本全体なのか？」「世界中どこでも起きている課題なのか？」「同じ課題の解決に向けた取り組みをやっている団体はあるのか、ないのか？」

徹底的に調べてください。人に聞くだけでなく、インターネットで調べる、直接見に行く・聞きに行くなど、社会起業に限らず普通に起業する場合でも市場調査は重要です。社会起業は、特に人との関わりの中で仕事をしていくことが多いので、私もいろいろなところに電話をしたり、実際に活動されているところに伺ったりと、たくさん勉強させていただきました。

社会起業をされている多くの人は、その課題を解決したいという高い志を持っています。きっと社会起業をしたいというあなたに対して、良いアドバイスをしてくれると思います。同じ志を持った人たちとチームを作る。そうすることでできることもあります。また、自分の目指すものとの違いを知ることもできます。それが自分自身のビジネスプランを成長させてくれます。

2　なぜその問題を解決したいのかを掘り下げる

さあ、どんな社会課題を解決したいかが明確になりました。

では次のステップです。

「なぜ自分がその課題を解決したいのか？」、そこを掘り下げます。

きっとそう思うに至る経験が過去にあったはず。

社会起業をしようという人たちは、過去に同じような悩みを抱えていたり、強烈な体験によって使命感を得たことでこの道に至るという人がほとんどです。

私の場合は、前述した通り、いじめられた経験や不登校の経験や、児童との出会い、そして保護者からの電話など、今の仕事を続けていられる理由がたくさんあります。

過去を掘り起こしている間に嫌な記憶を思い出すことがあるかもしれません。

しかし、その記憶こそがあなたの原体験であり、社会企業の強い動機なのです。

この動機があるからこそ、どんなことがあっても社会起業を続けることができます。

さらに言うなら、辞められなくなります。

社会的に良い活動を目指していても、必ず批判したり反発したりする人は現れます。

時には同じ課題を解決したいと思っているのに、方向性や価値観の違いから否定されることもあります。

そういったアンチな意見を持つ人たちと出会ったとしても、自分の軸がぶれていなければ、まったく気にする必要はありません。全力で自分の目指すやり方で突き進むことができます。

もちろん、他者の意見をシャットアウトする必要はありません。良い意見や心配してくれる意見もたくさんあるかと思います。意見は意見ですので、その中から自分にとって参考になると思うものを取捨選択していけばいいと思います。

あなたの経験こそが社会起業の動機となり軸となると言いました。意見を言う人は、必ずしもあなたと同じ経験をしているわけではありません。

あなたの経験に基づいた社会起業の形が大切なのです。「だから私はこれをしているんだ」と言えるようになる、それこそが社会起業成功の原則です。

3　ターゲットの明確化

次に三つ目のステップです。

その事業のサービスのターゲットが誰になるかを考えましょう。

あなたが実施するサービスを利用してくれる、買ってくれるお客様は誰でしょうか。当事者なのか、その保護者の関係者なのか。そしてどんな状況にいるのか、当事者の抱える環境はどうなのか？

年齢、性別、趣味や得意なことなど、どんな人物像かを想像します。

自分の過去をなぞってもよいと思います。「当時の自分だったらそのサービスを利用したいか」という視点で事業を構築するのもよいかと思います。

そのためにも、**サービスのターゲット像を固めることが重要**になります。

ここで言うターゲットは、ビジネス用語にあるペルソナ（その企業にとって最も象徴的なユーザーモデル）にかなり近いものです。

不思議なもので、明確なターゲットのイメージを持っている人ほど、思い描いた方たちが最初のお客様になってくれる率が高いようです。

4 サービスの明確化

ターゲットが決まれば、**どのようなサービスを実施するかを、より具体的にしていく**必要があります。

ターゲットによってサービスの内容はまったく異なります。

セミナーがいいのか、個別のコンサルタントがいいのか、カウンセリングやコーチングがいいのか、場所を提供することがいいのか、商品がいいのか。

世の中にあるサービスの中で自分の気持ちや得意なことが繋がるような内容を考えましょう。

まずは数あるサービスから着想を得るのが私は早いと思います。

まったくないサービスを作り出すのは非常に難しく、別の才能が必要となります。また、多くの人に認知してもらうのにも時間がかかり、今、目の前に起きている課題の解決までには時間がかかりすぎてしまいます。

そのサービスの中でオリジナリティを出せばいいのです。実績を積むことができれば、そこから自分が考えている新しいサービスや取り組みを行う経済的な体力や経験値を積むことができます。

最初から新しいことや大きなことをやるのではなく、小さな一歩から進めることが大事です。なぜなら、その小さな一歩にも救われる人たちが必ずいるからです。

そういった一つひとつの課題解決をしていくことで、間違いなく信用が積み重ねられます。

私は不登校だったころに、自分がいられる家以外の場所ができたらいいなという想いがあったので、不登校の子どもたちが、自分で自由な時間が作れる居場所を作って提供しています。

でもこの仕事にしても、最初からできたわけではありませんでした。最初の一歩は、学習の場の提供など一般的に誰もが知っているような場所からでした。

この居場所の運営自体は赤字ですが、それ以外の収益で賄えているからこそできる挑戦でした。

ただ、私自身の過去の経験からこんな場所が作りたいという想いは叶えることができ、利用している方々にとっても、なくてはならない場所になっています。

また、運営するほかの施設との連携や地域との交流の場としても活用できており、重要な拠点の一つです。

事業が大きく成長すれば様々なシナジー効果[※5]を生むことができます。思い浮かんだサービスは必ずメモに取っておき、時期が来たらやってみるということはとても重要です。

私には、まだまだたくさんやりたい事業やサービスがあります。なかなかできていないことも多いのですが、これから何年かかけて社会に提供していければと思っています。

「あなただから」こそできるサービスは一つとは限りません。**いくつも考えて自分の今の実力と世間のタイミングに合うものを提供し続けていけば、必ず事業は成長して**

いきます。

※5　**シナジー効果**
複数の企業がアライアンス（協働）をすることによって有利に事業が展開される場合や、一つの企業内の別々の事業部門が協働することで有利に事業が展開されること。

5　資格取得やさらなる学習

サービスが決まればその**サービスを行うのに必要な資格を取得し、知識を深めていきましょう。**

事業には法律で決められた資格を持っていないとできないものもたくさんあります。わかりやすいところで言えば、医師や教師などは資格がなければできませんよね。

私が行っている支援施設でも、様々な資格を必要としています。

それには、その仕事で働いた年数で取得できるものと、試験を受けなければ取得できないもの、研修さえ受ければ取得できるものなど様々あります。

自分がやりたい仕事について、そういった資格が必要なのかどうかをしっかり把握しておきましょう。

また、事業を行うにあたって必要な資格であったとしても、必ずしも自分が取らなければならないというわけではありません。私自身、経験年数で取得できる資格以外は持っていません。

すでに資格を有している人を雇用して組織で事業を行うという方法もあります。

とはいえ、いきなり人を雇用するのは大変です。

まずは、資格を持っている人と組んでできる事業からスタートしていくという方法もあります。

私は最初、セミナー事業から始めました。

私自身が資格を持っていなかったということもありますし、業界について勉強しなければいけないと思っていたので、各地でお願いをして講師をお招きし、セミナーを行いました。セミナーは今も定期的に行っている事業の一つですが、ニーズの把握にとても役に立っています。

図11　社会起業を成功に導く3ステップ

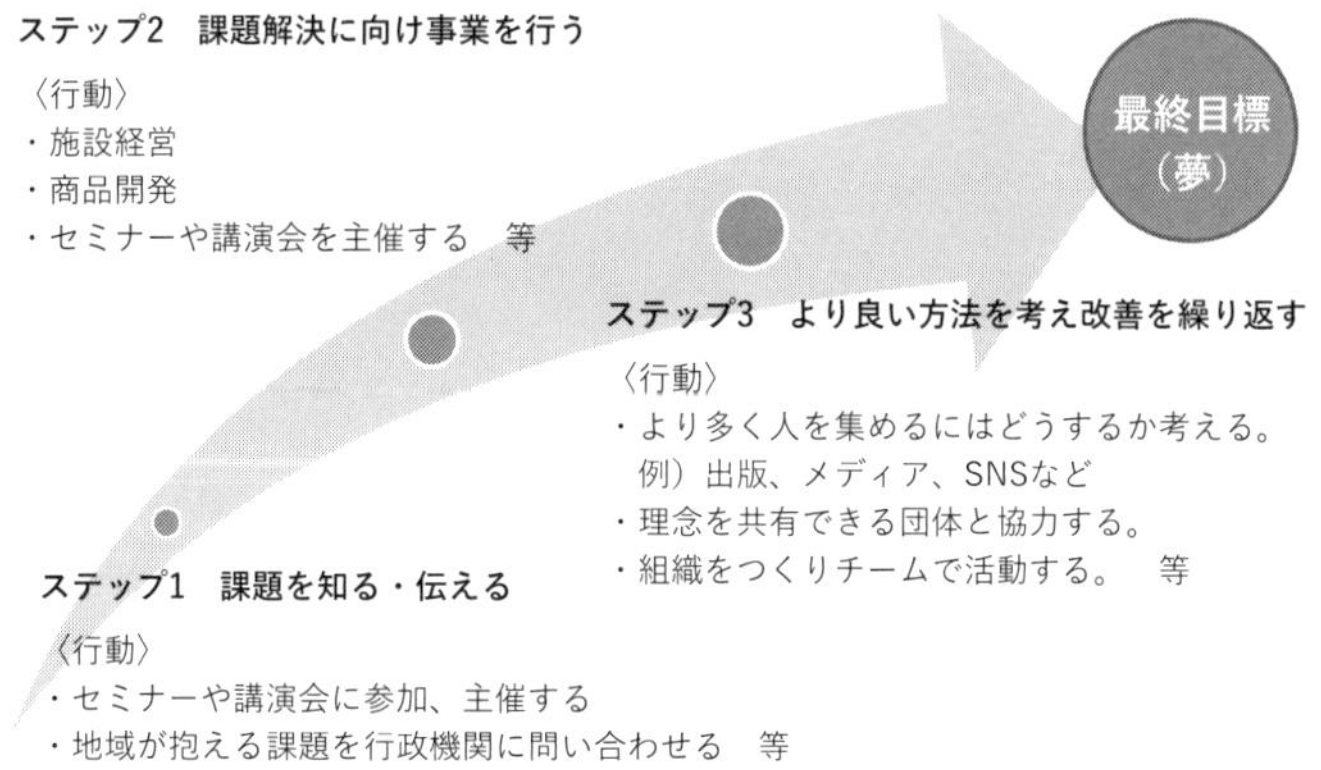
ステップ2　課題解決に向け事業を行う
〈行動〉
・施設経営
・商品開発
・セミナーや講演会を主催する　等
最終目標
（夢）
ステップ3　より良い方法を考え改善を繰り返す
〈行動〉
・より多く人を集めるにはどうするか考える。
例）出版、メディア、SNSなど
・理念を共有できる団体と協力する。
・組織をつくりチームで活動する。　等
ステップ1　課題を知る・伝える
〈行動〉
・セミナーや講演会に参加、主催する
・地域が抱える課題を行政機関に問い合わせる　等

次に知識。学習を積み、一つひとつ必要な知識を集めていってください。

ただし、集めることだけに集中してはいけません。

よく起業の準備をし続けて、知らず知らずに五年、一〇年と経ってしまっている人を見かけます。

それはとても残念なことです。今すぐにでも、あなたが考えるサービスがあれば解決できた課題があったかもしれません。

起業は行動あるのみです。行動しながら学び、実証し、また行動しの繰り返しです。

企画八割・実行二割という言葉があります

が、私は「企画二割でまず動く」ということが大切だと思います。たくさん行動すれば、それだけ手痛い経験もしますが、それこそがこれから続く起業人生において必要不可欠なことなのです。

6 事業継続のための収益化の仕組み

さていよいよ収入の話をしたいと思います。

前に、ボランティアでは永続的なサービスを続けることができないと述べましたが、**起業した以上は必ず収益を上げる必要があります。**

収益をどのように出すのかを考えてください。

何をやるかでまったく違います。ここはしっかり考えないと、良い活動も続けることができません。

私はNPO法人設立に関する講演をする際に、必ずこう言います。

「どんなにいい活動をしていても、自分の資産を持ち出し続けているのは良くない。

我々は社会に必要な活動をし続けることを約束してＮＰＯ法人を設立しているのだから、続けられないということは、その活動は社会に必要とされていないことと同義だ」

これは、経営をしていく上での私の信念とも言えます。

必要とされ続ける事業をすることこそが社会起業の責任です。

であれば、どこでどのように収入を上げるかを考えることは当然です。

セミナーであれば、月に何回、何人集めて行えば利益が出るか。

カウンセリングであれば、どのように、月に何回、何人に行えばいいか。

こういったことを細かく考えていきましょう。

それによって価格の設定も決まっていきます。

ターゲット層から見た適正金額を提示できるようになるには、何度も試して感覚でつかんでいく必要があります。

高すぎてしまうと、本当に困っている人に届かないかもしれません。安すぎると、自分自身が疲弊してしまい長く続けられないかもしれません。そのバランスをつかむには経験しかないと私は思います。

そして一か月の運営にどれくらいの費用がかかるかを検証してください。経費となる部分です。

セミナーを一例として取り上げますが、会場費（場所代、空調費、音響費等）、講師代、交通費、資料代、企画費、広告費など、一回のセミナーを行うだけでも数千円から数万円はかかります。

これが一回の経費と考え、一か月でいくらかかるのかを見積もりましょう。インターネットで調べればおおよその必要経費は算出することができます。

売り上げから経費を引いたものが収入となります。

この繰り返しが事業を行うということです。

7 起業の目的・理念

最後に、起業の目的を一言でまとめると何でしょうか。

これは、いろいろなところで口にする機会が多くなると思います。

この「目的」こそが、これから行う事業の理念となります。

私であれば、「いじめ・差別・偏見・虐待のない社会の実現」が法人の理念です。

そして各施設や事業にも、それぞれ一言で言える理念を作っています。

この一言は、これからあなたが背負う使命となります。

しっかり考えて決めてください。


多くの人はそのストーリーに共感します。

あなたの過去の経験や体験が仕事に繋がっていくように考えてください。


これらをまとめると、次のシートのようになります。

一例として、私が起業当時考えていたものを載せておきます（164ページ）。

年月が経ち、組織が大きくなれば、変わってくるところもありますので、臨機応変にどんどん書き足していってください。

社会起業準備シート

① あなたはどんな社会課題を解決したいですか?

② それはどのような経験・体験から必要と感じていますか?

③ サービスのターゲットは誰ですか?

④ どのようなサービスを実施しようと考えていますか?

⑤ それをする上で必要な資格はありますか?

⑥ 収益をどのように出そうと考えていますか?

⑦ 1か月の運営にどれくらいの費用がかかりますか?

⑧ あなたの起業の目的を一言でまとめると何ですか?

社会起業準備シート（脇本の場合）

① あなたはどんな社会課題を解決したいですか？

障がいを抱える子どもたちが楽しく過ごせる環境がまだ少なく、社会に出たときのことまで考えた療育支援を実施する場所がまだない。

② それはどのような経験・体験から必要と感じていますか？

20代のころ発達障害の児童と出会い学習を通して彼らの生きづらさを知るとともに人より秀でた能力を見ることができた。年月を経て人から直接感謝される仕事に人生をささげたいと思ったから。

③ サービスのターゲットは誰ですか？

障がいを抱える子ども本人とその保護者関係者。年齢は5歳から18歳の学童期で、家庭環境は普通。子どもの成長を喜ぶとともに将来に対する不安と期待を持たれているご家族。

④ どのようなサービスを実施しようと考えていますか？

法的に整備されている認可事業である児童発達支援・放課後等デイサービス事業

⑤ それをする上で必要な資格はありますか？

児童発達管理責任者、指導員（現在は法律が改正され、保育士等支援資格を有するもの）

⑥ 収益をどのように出そうと考えていますか？

認定を受けた児童に適切な支援を行うことで得られる国保収入。

⑦ 1か月の運営にどれくらいの費用がかかりますか？

人件費25万円×3名、賃貸料8万円、諸経費5万円、その他3万円

⑧ あなたの起業の目的を一言でまとめると何ですか？

いじめ・差別・偏見・虐待のない社会の実現

適度な支援・適切な療育・適応力の向上

第8章

知ってほしい！
あなたの身近にある社会起業

私の周りで活躍している社会起業家の方々にインタビューをしました。

皆さん、何があってもこの事業を担いたいという原体験を持って、現在活動をされている方々です。

実際、社会起業をする際の参考にしていただきたいと思います。

- ●うつ病への誤解・偏見をなくす活動
- ●社会教育の実践・支援活動
- ●引きこもりの社会復帰へ繋げる支援
- ●重症心身障害児の支援
- ●女性活躍支援

□うつ病への誤解・偏見をなくす活動

■名　称●一般社団法人日本疲労メンテナンス協会　http://japan-fma.com/

■設　立◉二〇一六年二月一日
■代表者◉時任 春江
■活動場所◉名古屋市内を中心に愛知県全域
■活動を始めた経緯

総合病院で看護師を二五年間勤め、子育てと仕事を両立させながら管理職にもなりましたが、子どもが小学校にあがる二〇一二年に退職。落ち着いてから再度現場復帰しようと考えていましたが、コーチングと出会い、再び人生の目標を探すことにしました。

看護師時代を振り返って思い出されたのは、上司・同僚・後輩が何人もメンタル不調になっていたことです。

メンタル不調は、腰痛などの身体の不調・離職・人間関係不良・燃え尽き症候群・医療事故など、看護師を取り巻く問題と関連しており、詳細に調べてみると、その原因には慢性疲労が共通していました。

看護師時代、同僚や後輩のメンタル不調に悩みましたが、実は慢性疲労を解決すべきだったと気づきました。

看護師の慢性疲労問題を解決するために、夜勤で帰っていく看護師の疲労回復サービスを考え、二〇一二年一二月にビジネスプランを作成。東京のビジネスプランコンテストに応募したのをきっかけに、病院出張ボディケアサービスを事業としてスタートしました。

その後、複数の病院から看護師の疲労回復のための研修をしてほしいという依頼があり、リフレッシュ研修会やメンタルヘルス研修会を開催することが多くなりました。

それらの研修を通して、疲労に気づいていない看護師が三割程いることがわかり、疲労の見える化のために脈拍変動によるストレス測定を研修のコンテンツに加え、メンタル不調を予防するためには、疲労をメンテナンスすることが重要であることを啓発してきました。

■ 現在の活動

メンタル不調は看護師に限ったことではないため、現在は看護師以外も対象として研修を行っています。

さらに、メンタル不調の主な疾患はうつ病のため、二〇一八年より、うつ病を予防するための事業を始めました。

「うつ病予防研修」では、うつ病の予防方法やうつ病かもしれない人との関わり方などを講義しています。また「うつ病予防研修」を開催できる「うつ病予防指導者」の養成や、身近な人を対象にうつ病について助言できる「うつ病にさせないためのアドバイザー」を養成しています。

企業に対して、定期的に脈拍変動によるストレス測定を行い、従業員のメンタル不調を未然に防ぎ、健康維持向上に繋げる事業も行っています。

■ 結　果

二〇一八年八月から「うつ病予防教育」をスタートしました。

二〇一八年一二月から開催している「うつ病予防指導者養成講座」には、積極的に啓蒙活動をしたい方が参加しており、二〇一九年五月現在で一六名が修了しています。

ご自身の本業や活動の中で、うつ病を予防できる方法を伝えたり、研修依頼に対応しています。

二〇一八年二月から開催している「うつ病にさせないためのアドバイザー養成会」は毎回満席で、周囲の人をうつ病にさせたくないと思っている人が多いことがわかります。

その様子が同年四月に新聞でも取り上げられ、社会課題であることを痛感しています。

現在、「うつ病にさせないためのアドバイザー養成会」は、産業保健をサポートする企業などと「うつ病にさせないためのコンソーシアム」という共同体として活動していますが、他団体からの申し出もあり、全国各地で開催予定です。

■今後について

うつ病は、本人が気づかないうちに重症化してしまうことがほとんどです。六年間進めてきた脈拍変動によるストレスのバイオデータによる見える化から、症状が出ていない状態での早期改善方法をお伝えしていますが、誰もがうつ病になる前に気づける仕組みを広めていきたいと考えています。

うつ病について、世の中に正しい知識を持った人が増え、うつ病に対する誤解や偏見がなくなれば予防も可能になります。協会としては「二〇二五年までに職場のうつ病発症ゼロ」を目標に掲げ活動しています。

「うつ病予防教育」によって従業員一人ひとりのセルフケア能力を高め、「うつ病にさせないためのアドバイザー」が企業内で独自に活動し、従業員のうつ病を未然に防いでほしい、そう願っています。

さらに、一〇代のうつ病や自殺者が増えていることに着目し、将来的には小中学生向けの「うつ病予防教育」を企画展開していきたいと考えます。

□社会教育の実践・支援活動

■名　称●特定非営利活動法人しみんシップnet　https://www.shiminship.com/
■設　立●二〇一六年八月
■代表者●船坂 礼子
■活動場所●東尾張地区を中心に愛知県全域
■活動を始めた経緯

結婚、子育てを経験したあとのセカンドキャリアとして心理学を学び、産業カウンセラーとして企業に勤務する中で、中期キャリアから後期キャリアにかけて（職業キャリアの発達プロセス）の厳しい現実を目の当たりにしました。

身体の健康とともに、あるいはそれ以上に大切な「社会で生き抜く力」はどこで育まれるのかと考えるようになり、その課題解決のために様々な資格取得を通して学ぶ中で、「社会教育、キャリア教育、主権者教育、生涯学習」と出合い、未来を生き抜く力を身に付けることの重要性を改めて感じ、教育業界へ飛び込むことを決意しました。

先駆者の門を叩き、学びを深めるうちに、個人の活動では限界があることを知り、NPOを立ち上げ、一年後に法人化。

振り返れば、私のセカンドキャリアが大きくシフトチェンジしたのは、すべて「出会いと学び」が契機となっています。

■現在の活動

「出会い、気づき、社会に繋がる学習」をコンセプトに、教育関係者と外部講師、双方をサポートする中間支援役として、大きな変革を迎えている教育現場の専門性を常に学びながら、児童生徒の主体的・対話的で深い学びにアプローチするプログラムを構築、実践しています。

当法人の独自プログラムとして「主権者教育」「赤ちゃん親子授業」「社会参画ゲーム」「貿易ゲーム」「職業講話」などがあり、毎年ご採用いただく学校も増えてきました。

文部科学省が推進するコミュニティ・スクール設置の統括的なコーディネーターとして自治体にご採用いただき、地域の中で活躍する地域コーディネーターの育成や、地域学校協働本部の運営支援にも携わっています。

また、厚生労働省による困難を抱える子どもの学習支援を受託運営し、四年目を迎えます。

今では高校生になった生徒がサポーターとして参加してくれたり、地縁団体のご厚意により子ども食堂も併設され、さらに温かい出会いの場が広がっています。

■結　果

NPO法人を設立したことによって、今まで見えていなかった課題を見つけることができました。よって、よりテーマに沿った課題解決の方法を見つけることができるようになりました。

活動を通して目の前の子どもたちの成長を感じることができて、学習支援をして卒業した子どもたちがお手伝いに来てくれたり、一人ひとりが進学できたりして、生きる力が付いてきているというのが目の前でわかるようになりました。

■今後について

教育コーディネーターとしての専門性を高め、コミュニティ・スクール設置や地域学校協働活動が発展的で持続可能なものとなるための中間支援機能を持つ団体として、地域や教育行政との連携・協働を進めていきます。

授業プログラムでは「主権者教育」「職業講話」をブラッシュアップし、選挙や政治の知識だけではなく、政治的有効性の感覚や内発的動機付けに働きかけ、若者の社会参画への意欲や多世代による協働型課題解決能力に繋げることを目指します。

私たちには、常に人との出会いがあります。

多様な出会いの中で学ばせていただく機会が多いことで、スタッフ自身が他者との関わりをポジティブにとらえ、前向きに生き抜くことができていると感じています。

今後もスタッフ一人ひとりの笑顔を大切にし、「出会いと学び」を循環させ、出会う方、一人ひとりの幸福感に繋げていきたいと考えています。

□引きこもりの社会復帰へ繋げる支援

■名　称●特定非営利活動法人社会復帰支援アウトリーチ　http://outreach-npo.org/
■設　立●二〇一六年四月一日
■代表者●林 日奈
■活動場所●名古屋、尾張を中心に全国
■活動を始めた経緯

息子がうつ病をきっかけに会社を退職、引きこもりに。一度社会からフェードアウトしてしまうと改めて社会復帰することの難しさを感じました。ならば社会復帰に向かう仕組みを自分で作っていこうと決意したことがきっかけです。

二〇一四年、息子のうつ病が良くなり、元気にはなったものの、復職にまで気持ちが進みません。では家で何かできる仕事はないかということから、在宅ワークが何かないかと始めました。

息子の仕事の手伝いをしているうちに、これはほかの引きこもりの人たちにも通用するのではないかと考え、二〇一五年から事業としてスタートしました。

■現在の活動

事業を始めた当初は、当事者が在宅ワークを始めるまで時間がかかり、就職への意欲が高まるにはさらに時間がかかるかと思っていましたが、サービスをスタートさせると思いのほか社会復帰にまで結び付くのが早く、ファーストコンタクトからすぐに仕事がしたいという人も多く、すぐ社会復帰を希望するようになりました。

メインの業務としては、大人の引きこもりの人たちに在宅ワークをコーディネートし、就職に繋がるまでをサポートしています。

そのために会社見学の実施や入社後のフォローを定期的に行い、社会復帰に繋げていきます。

活動当初は、団体が周知されておらず、利用者確保に苦労しました。当法人は既存の引きこもり支援のようにカウンセリングや居場所作りを一切行わず、実務のトレーニングを中心に支援をしているので理解されにくかったのですが、現在は周知されつつあります。

また、当法人の特徴として、当事者からはお金を取らない方式で事業を行っています。

■ 結　果

設立から三年で七〇人が社会復帰し、六八人（二〇一九年二月）が在宅ワークを実施。社会的には企業の理解が得られやすくなりました。

引きこもりは働く意欲がないと思われていますが、活動を通じて社会復帰に至るまでの具体的な数字が出たことで、企業に対し、引きこもりを経験していても働けるという理解を得られるようになりました。

当初は、私の仮説から始まったことが実証され、数字の裏付けが取れて、仮説ではなくなりました。

■ 今後について

在宅ワークや企業にフォローに入るというコーディネーターの育成を行い、各都道府県に配置できるようになりたいと思っています。

私たちの活動の主軸は、引きこもりになってしまった人たちに対して、社会復帰するという出口を広げる活動なのでその拡充を図っていきたいです。

また、引きこもりになってしまった人の中には組織の中で働けないという人もいるので、そういう人たちのためのビジネススキルアップの講座を開いていけたらと思います。

長期的な展望として、今まで送り出す支援に力を入れていましたが、二〇一八年秋ごろからは、受け入れる会社に理解を深めてもらう活動に力を入れ始めたので、これをもっと広げていきたいと思っています。

この二つの活動で、社会復帰しやすい社会を創っていきたいと考えています。

□重症心身障害児の支援

■名　称●特定非営利活動法人まいゆめ
■事業所名●重症児デイサービスm・i・k・i
重症児デイサービスm・i・n・i
重症児デイサービスdonna
生活介護days
■設　立●二〇一〇年三月一日（法人設立）
二〇一六年六月一日（m・i・k・iの開所）
■代表者●上野 多加子
■活動場所●愛知県名古屋市西区上小田井
■活動を始めた経緯

活動を始めたきっかけはいくつかあるのですが、看護師として、二四時間透析をしなければいけないような子どもの看護業務などをしていたとき、入院しているお子さんを残してお母さんが失踪してしまい、お子さんを病院で預からなければいけなくなってしまったという経験をしました。

どうしたらいいのか困惑する中で、当時は、医療ケアが必要な児童を受け入れてくれる施設がなかなか見つからず、そういった施設を創れたらと思ったのがきっかけです。

ほかにも、医療ケアが必要なお子さんの保護者の方と仲良くなって、いろいろと個人的にお子さんのケアをしたときなど、その時間を使って家事をする時間ができたと感謝してくれる言葉を聞くと、親御さんのレスパイト（息抜きや休息）は必要だという確信を持ちました。

病院にもレスパイトを目的としたサービスはありますが、どうしても緊急医療や退院時のケアなどをしていると、子どもが親元から離れて楽しめる環境の整備ができないという病院側のジレンマを感じることもあり、自分で作ることを決意しました。

■ 現在の活動

主事業としては、ゼロ歳から大人になるまでの子どもたちの日中の直接的な支援をしています。

重症心身障害のある児童の療育はもとより、多くの子どもたちは医療的なケアを必要としているので、看護師を手厚く配置して、一対一で児童の対応ができるような体制を整え、子どもたちがどんなときでも笑顔で過ごせる環境を心掛けて日々過ごしています。

また、ご家族の不安に寄り添えるように電話、メール等での相談を行っています。職員や子ども同士、ご家族の交流の場を作ったりして、安心して預けてもらえるような取り組みも続けています。

また、子育て世代のスタッフたちの働く場所を提供し、働きやすい環境の整備や、未経験のスタッフに対する育成にも力を注いでいます。

■結　果

なかなか整備されていない小児在宅ですが、まだまだ発展の真っ最中だと思っています。

事業をしていて、改めて医療と福祉の特徴を活かした支援を行うことの大切さ、地域との繋がりの大切さを感じる毎日です。

今後は情報発信にも力を入れていきたいと思っています。

■今後について

今後は、小児専門の訪問看護ステーションを創れたらと思っています。

またショートステイのできるレスパイト目的の施設の整備や、児童福祉に関わるスタッフの育成事業ができたらと思っています。まだまだ小児の分野は発展途上だと思います。

施設も少ないし、そこで働けるスタッフの育成は急務だと考えています。

そしてやはり家族の居場所作りをしたり、重症児が社会で活躍できる仕組みを作っていきたいと考えています。

課題としては、急激に組織が大きくなってしまったので、組織化が急務だと考えています。

チームが一致団結して活躍できる事業所の運営を心掛けていきたいと思います。

□女性活躍支援

■名　称●インターアクトスペースWits　https://wits-interact.com/

■設　立●二〇一八年四月一日

■代表者●伊藤　麻美

■活動場所●名古屋市を中心に東海三県

■活動を始めた経緯

女性起業支援活動を一七年間続けてきました。

最初は雲をつかむような話でしたが、継続していくうちに、自治体、企業、人から信頼されるようになりました。

しかし、長年続けてきてなお、売上・利益の追求が弱い女性たちは、国や自治体からも支援必要先と認められにくい状況はまだまだ変わっていません。

起業意識開拓層を経済産業省が女性起業家等支援ネットワーク事業で支援し、自治体等は、税収の増加や雇用の創出が見込めるような、一定の事業化ができた女性起業家への支援に力を入れて展開していますが、立ち上げ直前から創業後三年目、五年目の収益力に乏しく、一番苦しい時期の女性起業家への支援はあまりきめ細やかではありません。

私は、その層への支援なくして女性起業家を「女性続業家」に育成するのは難しいと考えています。女性起業家は男性に比べ、「信用度が低い」「経営知識が少ない」「時間がない」という三大弱点があると言われていますが、当方の組織自体の信用度で底上げし、きめ細やかな学びの提供によりブラッシュアップすることができ、助け合う仲間作りにより克服できる場所を提供できたらと考えて始めました。

■ **現在の活動**

名古屋市中区栄に拠点を持ち、女性限定の起業支援としてのフリースペースを運営しています。

専門家への無料・有料相談窓口設置、月一、二回程度の専門家や先輩経営者の無料セミナー、東海地域の中堅企業への大人の社会見学、地方創生を目的とした女性起業家訪問ツアーなどの機会の提供を行い、どうすれば女性が活躍できる社会が実現できるかの検討を続けています。

リアルな空間とSNS等のネット環境を組み合わせた人脈構築、営業支援等のサービスをきめ細やかに提供し、起業を目指す女性本人だけでなく、夫婦や母子の関係を大切にできるような交流会なども実施しています。

■結　果

女性活躍、起業支援の場としてWitsを二〇一八年四月にオープンしましたが、オープン時に会員登録者は一三名だったのが、一年経過して、真剣に起業している、もしくは起業したいと考える四〇名の女性が会員となりました。現在も月を追うごとに登録者数が確実に増えており、自立したいと考える女性が増えていると感じます。

■今後について

起業して一〇〇〇万円の年商でも一〇〇〇人の女性がそれを実現すれば「一〇〇億円の新規経済市場創出」が可能になること、そして世界レベルで目標到達が目指されている「SDGs」のステークホルダーとして女性起業家が認められることの二本柱で、女性の起業を支援する環境整備を進めていきたいと思っています。

今は社会で様々な課題が散見されます。

女性だからこそ見えるサービスを展開することで、より良い社会が実現できると思います。だからこそ、実績と数の原理をもって、女性起業家支援の風土を東海地域からこの国に根付かせたいと考えています。

今回、インタビューにお答えくださった社会起業家の皆様、大変お忙しい中ご協力いただきありがとうございました。

おわりに

これから社会起業をしてみたいと考えている若い世代の方々へ

社会起業は人の人生そのものを変えていくほど大きな意味合いを持つ仕事です。だからこそ覚悟のいる仕事です。

しかし、その覚悟をもってしても解決しなければいけないことがあります。あなたはその体験をしているからこそ、社会起業という道を進むのではないでしょうか。

私は障がい児と関わり、その才能と困難さで苦しむ子どもを見て、そしてどん底にいたときにいただいた一本の電話に導かれて今の仕事をしています。

思い返せば、いじめられていた学生時代、不登校だった時期、仕事も信用もお金も失い引きこもっていた時期も、今この仕事に就くためにすべて必要な経験だったのではないかと、思えるようになりました。

学生時代の経験があったから、子どもたちのつらさに共感できます。一度すべてを失ったからこそ、お金の大切さ、人の大切さを知ることができました。

大きなことをやる必要はありません。自分の人生の体験から、何としても解決したいことがある。それはもしかしたら、多くの人を救う重要なことかもしれません。

私はこの数年、多くの人に助けていただきながらここまで来ました。

あなただからできる社会起業は、あなたの経験、あなたの心の中にあります。

ぜひあなたを待っている人のために、あなただからできる社会起業をしてください。

この本を読み、社会課題の解決に取り組む決意をしたあなたを私は応援します。

■ **連絡先**

特定非営利活動法人えんとかく

愛知県豊明市三崎町高鴨9－5　1階A　info@entokaku.org

■ **ホームページ**

http://entokaku.org/

【著者略歴】

脇本泰志（わきもと・たいし）

1982年7月、三重県伊勢市生まれ。

特定非営利活動法人えんとかく理事長。

日本社会起業支援協会会長。

2003年、大学在学中の21歳のときに「金なし」「コネなし」「社会経験なし」の状況で起業。その後2010年までに、リサイクルショップ、自動車販売、PC修理販売、服飾デザイン、Web制作、イベント企画、家庭教師、コンサルタント等、10種以上の業態で事業を立ち上げる。

特に家庭教師業に力を入れ、子どもの可能性、やる気を引き出す学習法を確立。8年間で延べ60名の生徒を指導。公立高校合格率100%を実現する。家庭教師として活動していく中で障がいを持つ児童と触れることとなり、そこで様々な障がいについて学ぶ。

2012年、利益至上主義的に行っていたその他事業での失敗が尾を引き、全事業を清算。

そのタイミングで、かつて家庭教師時代に指導した児童の保護者より、学校を無事卒業できたことの感謝の言葉とともに、「子どもが安心して過ごせる場所を作れないか」という相談を受ける。その相談がきっかけで一念発起し、現法人を設立。利益至上主義ではなく社会の課題解決を目的とした理念経営を心掛け、現在に至る。

装丁・装画／江口修平（EGG-TEA ROOM）
校正協力／新名哲明、永森加寿子
制作協力／（有）アミークス
編集／田谷裕章

ボクらはわがままな起業で生きてゆく

初版１刷発行 ● 2020年６月25日

著者

脇本《わきもと》 泰志《たいし》

発行者

小田 実紀

発行所

株式会社Clover出版

〒162-0843 東京都新宿区市谷田町3-6 THE GATE ICHIGAYA 10階　Tel.03(6279)1912　Fax.03(6279)1913
http://cloverpub.jp

印刷所

日経印刷株式会社

ISBN978-4-908033-75-9　C0030

本書の内容に関するお問い合わせは、info@cloverpub.jp宛にメールでお願い申し上げます